Reizvolle Wasserelemente im Garten

Francesca Greenoak

Reizvolle Wasserelemente im Garten

Teiche · Becken · Tröge · Wasserspeier · Brunnen · Wasserläufe

BLV

Die Deutsche Bibliothek – CIP-Einheitsaufnahme

Reizvolle Wasserelemente im Garten : Teiche – Becken – Tröge – Wasserspeier – Brunnen – Wasserläufe / Francesca Greenoak. [Zeichn. Antonia Enthoven. Übers.: Franca Fritz/Heinrich Koop]. – München ; Wien ; Zürich : BLV, 1997
Einheitssacht.: Water features for small gardens <dt.>
ISBN 3-405-15065-5
NE: Greenoak, Francesca; Enthoven, Antonia; Fritz, Franca [Übers.]; EST

BLV Verlagsgesellschaft mbH
München Wien Zürich
80797 München

Titel der englischen Originalausgabe:
Water Features for Small Gardens
Erschienen 1995 bei Conran Octopus Limited
37 Shelton Street, London WC2H 9HN

Zeichnungen: Antonia Enthoven
Übersetzung: Franca Fritz/Heinrich Koop
Lektorat: Marianne Heilmannseder
Satz + DTP: Studio Pachlhofer, Tirol
Einbandgestaltung: Studio Schübel, München
Einbandfoto vorne: Jerry Harpur
Einbandfotos hinten: Beatrice Pichon (links), Clive Nichols (oben rechts), Jerry Harpur (unten rechts)

Printed in Hong Kong · ISBN 3-405-15065-5

Inhalt

Einleitung

Kaum etwas auf der Welt ist heilsamer als ein Blick aufs Wasser – ob es sich dabei um die natürliche Brandung des Meeres, das sanfte Plätschern eines Wasserlaufes oder die besinnliche Ruhe eines Teiches handelt. All dies wünschen wir uns auch für unseren Garten, insbesondere dann, wenn er weder an einem Bach noch an einem Fluß liegt.

Wohl kaum etwas in meinem kleinen Garten hat mir mehr Freude bereitet als der Teich mit seinen Schwertlilien, Seerosen, Wildblumen und dem schlichten Wasserspeier in Gestalt eines Frosches. Die Erfahrungen mit meinem eigenen Teich weckten meine Neugier darauf, wie andere Leute das Element Wasser in ihren Garten einbeziehen. Und mittlerweile gefällt mir ein vollendet gestalteter, kleiner Wassergarten besser als großangelegte Entwürfe, die eher in eine weiträumige Landschaft passen. Außerdem machte ich die Entdeckung, wie einfach – und ebenso befriedigend – es im Grunde ist, Wasser in einen kleinen Garten zu integrieren.

Links: Aus einem Löwenkopf in einer laubbewachsenen Stadtmauer plätschert das Wasser über grobe Kiesel, die in einem algenüberzogenen Becken aufgetürmt sind. Goldfarbener Hopfen (*Humulus lupulus* 'Aureus') hellt die Mauer auf und bildet einen hübschen Kontrast zu den adrett beschnittenen Buchsbaumpflanzen auf der Vorderseite des Beckens.

Oben: Der kleine Teich mit einem Rand aus Steinen besitzt eine ganzjährige Bepflanzung aus Zwergkoniferen und Zwergmispel (*Cotoneaster horizontalis*). Glatte Kieselsteine kontrastieren mit dem rauhen Fels, und der Gesamteindruck wird von einem vielfältigen Blattwerk aus Efeu, Schwertlilien und Funkien aufgelockert, während auf dem Wasserspiegel kleine Seerosenblätter schwimmen.

Dieses Buch beschäftigt sich mit den vielen verschiedenen Möglichkeiten, Wasser in einem begrenzten Areal so einzuplanen, daß es die Persönlichkeit des Gärtners widerspiegelt und außerdem zur Bepflanzung des Gartens und zur Architektur des Hauses paßt. Im Zuge meiner Recherchen war ich sehr beeindruckt von der Wirkung, die selbst der schlichteste Gegenstand hervorrufen kann, wenn er nur gekonnt plaziert ist. So wird schon eine einfache Schale mit Wasser zum Blickfang, sofern sie an geschickt gewählter Stelle oder auf einer Erhöhung steht. Wenn man sie in eine stille Ecke des Gartens plaziert, sollte eine solche Schale am besten von Pflanzenkombinationen wie Farnen und süß duftendem Waldmeister (*Galium odoratum*) oder Maiglöckchen (*Convallaria majalis*) umgeben werden, die ein ganz spezielles Mikroklima schaffen.
Da viele Lebensformen am Wasser von Natur aus kleinwüchsig sind, dürfte es nicht schwer sein, auch für einen winzigen Teich die passenden Pflanzen zu finden. Der Algenfarn (*Azolla filiculoides*) ist eine sehr kleine Wasserpflanze, deren filigrane Blätter im Frühjahr und Sommer graugrün oder hellgrün sind und sich später im Jahr unter der einsetzenden Kälte rot oder dunkelbraun färben. Wie die weniger dekorative, aber robustere Wasserlinse spendet diese Pflanze dem Wasser sanften Schatten und Schutz vor übergroßer Hitze. Darüber hinaus gibt es zahlreiche ansprechende Teichgräser und andere Pflanzen, wie Seerosen und zarte Wasserähren (*Aponogeton distachyos*), die – in tieferem Wasser verwurzelt – an die Oberfläche steigen und dort schwimmende Blüten und Blätter hervorbringen. Wenn ein Teich zum Bepflanzen nicht tief genug ist, finden sich andere Arten für den Rand, insbesondere Farne und Schwertlilien, Funkien (*Hosta*) und Prachtspieren (*Astilbe*), die im feuchten Boden rings um den Teich gedeihen.

Es gibt erstaunlich viele Möglichkeiten, wie auch ein weniger erfahrener Gärtner Wasser in ein kleines Terrain integrieren kann, angefangen beim einfachen Tümpel bis hin zur künstlerisch gestalteten Wasserskulptur. Ein mit Wildblumen wie Sumpfschwertlilie (*Iris pseudacorus*), Wasserminze (*Mentha aquatica*) Wiesenschaumkraut (*Cardamine pratensis*) und Schachbrettblume (*Fritillaria meleagris*) bepflanzter Teich wirkt sehr natürlich, während man mit exotischen Gewächsen ein eher dekoratives Aussehen erzielt, wobei eine solche Anlage entweder einen überschwenglich floralen, einen beschaulich-geordneten oder einen dicht belaubten, üppig grünen und geheimnisvollen Eindruck vermitteln kann.

Vogeltränken, Schalen, Kupfergefäße, Bekken, Tröge und Holzfässer bieten sich als weitere Gestaltungsmöglichkeiten an. Aber auch Kies, Kieselsteine und Findlinge sowie die diversen Spielarten von Wasserspeiern und Fontänen können in vielen Variationen arrangiert werden. Die raumsparendste Variante ist vielleicht der in die Mauer eingebaute Wasserspeier, wie man ihn in vielen Gärten findet, denn auch bei dieser Grundkonzeption sind der schöpferischen Phantasie des Gärtners kaum Grenzen gesetzt.

Außerdem bringt die Integration von Wasser in einen Garten vielfältige Bepflanzungsmöglichkeiten für das umliegende Gelände mit sich. In diesem Buch wird großer Wert auf jene Pflanzen gelegt, die dem Gärtner eine größtmögliche Vielfalt des Gesamteindruckes gestatten. Denn erst die dynamische Wechselwirkung zwischen Form und Gestalt der Pflanzen und dem Wasser ruft eine ganz spezielle Wirkung hervor. Das Wasser im Garten wird zu einem aufregenden Unterfangen, wenn es nicht nur darum geht, den Teich, Springbrunnen oder Wasserfall an der besten Stelle zu plazieren, sondern auch Licht und Schatten, Farbe und Form der wachsenden Pflanzen in die

Oben: Dieser winzige Teich zwischen flachen Schieferplatten in einem kleinen Hof ist mit Pflanzen überwuchert. Durch das Blätterwerk des Hopfens (*Humulus lupulus* 'Aureus') und der farbenfrohen Zimmeraralie (*Fatsia japonica* 'Variegata') winden sich rosa Blüten von Rosen, Waldrebe und Fuchsien. Rund um den Teich stehen Kübel mit Schmucklilien, Stiefmütterchen und Pelargonien.

Gestaltung einzubeziehen. Keine Wasseranlage sieht im Laufe von zwei aufeinanderfolgenden Jahren genau gleich aus. Dies ist besonders vorteilhaft für alle kleinen Gärten, die mehr Abwechslung benötigen als größere, damit das Auge nicht des immer gleichen, eingeschränkten Anblicks müde wird – wie schön er auch sein mag.

Wasser erfüllt den ganzen Garten mit Leben, selbst wenn nur sehr wenig Raum zur Verfügung steht. Bei meinem ersten Besuch des wunderschönen Gartens im *Museum of Garden History* neben dem erzbischöflichen Palais in einem der belebtesten Stadtteile Londons war ich außerordentlich beeindruckt, wie das helle Plätschern des Wasserstrahls aus einer Mauer den fürchterlichen Verkehrslärm gleich hinter der Hecke vergessen ließ.

Auf der ganzen Welt erfreuen sich kleine Gärten zunehmender Beliebtheit, vornehmlich an jenen Orten, an denen man sich Gedanken über kontemplative Stätten der Ruhe und Erholung macht – Refugien mit einem ausgesuchten Pflanzenwuchs, der alle störenden Einflüsse der Außenwelt abschirmt. In solchen Gärten spielt Wasser eine ganz besondere Rolle. Und in der Tat gibt es Therapeuten, die Rhythmus und Geräusch des Wassers als Mittel zur Beruhigung und Regenerierung des Geistes einsetzen. Auf der ganzen Welt findet man große Wasserskulpturen in Parkanlagen, Innenhöfen und öffentlichen Plätzen; es gibt aber auch kleinere Versionen, die gut in private Gärten passen. Sie basieren auf dem Prinzip, daß die Form der Skulptur das Wasser in bestimmte Bewegungen versetzt, die ein rhythmisches Strömen des Wassers hervorrufen. Interessanterweise scheint dies eine wohltuende Wirkung sowohl auf Pflanzen und Fische als auch auf Menschen auszuüben.

Keine Wasserfläche ist so unbedeutend, daß sie nicht noch eine gewisse Anziehungskraft besäße. Selbst ein kleiner Wasserspiegel reflektiert die Wolken, Bäume und Pflanzen ringsum und lockt Vögel und Insekten an. Einmal beobachtete ich eine Libelle, wie sie einen winzigen Teich erforschte; und auch Frösche habe ich schon in fast genauso kleinen Teichen gesehen. Ein anderes Mal schaute ich in einem warmen, trockenen Frühjahr den Blaumeisen zu, die Material zum Nestbau in ein nicht mehr benutztes Überlaufrohr schafften. Die ersten Tiere – gewöhnlich zarte Wasserläufer, die über die Teichoberfläche huschen – erscheinen oft schon wenige Stunden nach dem Befüllen des Teiches. Später kommen andere Besucher wie Wassermolche, Amphibien, Käfer und kleine Wasserschnecken hinzu – Kreaturen, die zusammen mit den Wasserpflanzen dazu beitragen, das natürliche Gleichgewicht des Teiches aufrechtzuerhalten.

Einige Bildhauer und Landschaftsgestalter haben sich darauf spezialisiert, Wasser in ihre Kunstwerke zu integrieren. William Pye, international bekannt für seine großen Skulpturen, bietet auch kleine Entwürfe speziell für Privatgärten an. Auf Gartenkunstausstellungen finden Sie viele Anregungen, Gestaltungsvorschläge und Innovationen, aber auch die traditionellen Schalen, Kübel, Vogeltränken und Wasserfälle, die eine willkommene Alternative zu den noch konventionelleren Meerjungfrauen und Putten darstellen.

Obwohl einige Wasseranlagen in diesem Buch das Werk von Künstlern oder Gartendesignern sind, stammen die meisten von ganz normalen Gärtnern, die originelle Wege zur Integration von Wasser fanden – selbst unter ungünstigsten örtlichen Bedingungen. Unter diesen geschickten Amateuren gibt es einige, die noch einen Schritt weitergehen und andere Ideen entwickeln, wie etwa das Zusammenspiel von ruhigem Wasser, kleinen Fontänen und Wasserfällen. Interessanterweise stellen Besucher selbst in den herrlichsten Gärten mehr Fragen nach den Wasseranlagen als nach den Pflanzen.

Ich hoffe, dieses Buch zeigt Ihnen nicht nur die Schönheit des Wassers und dessen vielfältige Integrationsmöglichkeiten in einen kleinen Garten, sondern auch, wie einfach dies in der Praxis zu bewerkstelligen ist.

Oben Nahaufnahme des fertigen Kieselteiches mit dem Wasserspeier in der Wand. Das Wasser läuft aus dem Neptunhaupt über Kiesel auf einen Metallrost, der paßgenau von einem ortsansässigen Schmied angefertigt wurde. Die Bepflanzung auf beiden Seiten besteht aus Papyrusstauden (*Cyperus papyrus*).

Gegenüberliegende Seite: Die Bildfolge zeigt die verschiedenen Stadien der Konstruktion der oben abgebildeten Anlage. Der wilde Efeu- und Feuerdornbewuchs (*Pyracantha)* sowie die Ziersteine auf der Mauer wurden entfernt. Anschließend brachte man die Mauer mit gewöhnlichen Ziegelsteinen wieder auf die ursprüngliche Höhe, verputzte sie grob und strich sie mit einer matten, sandfarbenen Dispersionsfarbe.
Dann wurde das Fundament für den Teich ausgehoben. In jede Seite baute man dreieckige Schutzwände ein, errichtete die hochgezogenen Seiten aus Gasbetonsteinen und legte einen Bogen aus Ziegeln über dem Teich an. Der Teichboden erhielt eine Folieneinlage aus Butyl, die geglättet wurde. Danach erhöhte der Architekt den Rand um zwei Lagen Ziegelsteine. Anschließend baute man ein Schutzrohr in den Mauerwerkschacht ein und verband das Elektrokabel des Transformators mit der Pumpe auf dem Teichboden und den beiden Strahlern an der Vorderseite des Beckens. Schließlich verlegte man das Wasserrohr der Pumpe in die Wand, die fein verputzt und gestrichen wurde.

Stein- und Kieselteiche

Ein dünner Wasserfilm auf einem Kiesel bringt die Maserung des Steins und seine attraktiven Unregelmäßigkeiten wunderschön zur Geltung – gesprenkelte grauweiße Kristalle im Granit, eine Marmor- oder Quarzitader, rot oder grün schillernder Schiefer. Kaum jemand kann dem Impuls widerstehen, einen glänzenden Stein von einem frisch überspülten Kieselstrand oder einem steinigen Seeufer aufzuheben. Und genau diesen Glanz bringen Sie in Ihren Garten, wenn Sie das Becken eines Springbrunnens mit Bachkieseln auslegen: die grauen, roten und weißen Farbtöne bilden einen gelungenen Kontrast zu den Steinen, Ziegelsteinen oder dem Holzanstrich des Hauses. Auch mit der Gestaltung einer Fontäne können Sie eine ganz besondere Stimmung oder Atmosphäre hervorrufen – ob es sich dabei um einen tanzenden Wasserstrahl, eine schirmförmige Glocke oder um eine sanft sprudelnde Quelle handelt.

Links: Ein kräftiger Wasserstrahl schießt über eine Anhäufung großer Ammoniten und von dort in einen steinigen Teich, der von Gräsern, Schwertlilien, Efeu und imposantem Königsfarn (*Osmunda regalis*) umgeben ist.

Oben: Die Wirkung der Findlinge, Platten und unregelmäßigen Fliesen in dieser grauen, grünen und blauen Komposition steht in interessantem Kontrast zur hübschen, blauweiß gekachelten Umrandung des kreisrunden Teiches. Hier handelt es sich um einen ganzjährig nutzbaren, bei Tag und Nacht ansehnlichen Garten mit immergrünen Pflanzen und einer reizvollen Beleuchtung, die in der Nacht die Szenerie mit plätscherndem Wasser, glänzenden Kacheln, nassen Steinen und dem Schattenwurf der Pflanzen zum Leben erweckt. Beachten Sie, daß die Findlinge, die den Überlauf bilden, über den Rand des Teiches ragen, so daß ein richtiger Wasserschwall und nicht nur ein zaghaftes Tröpfeln entsteht.

Kieselteiche wirken ungezwungen und dennoch formal und eignen sich daher ideal für kleine Gärten. Ihre charakteristischen Eigenschaften erfordern ein besonderes Auge für den richtigen Standort – beispielsweise neben einer Tür, einem Fenster oder an Ihrem Lieblingsplatz im Garten. Da ein Stein- und Kieselteich sich im allgemeinen optisch auf Bodenniveau befindet, legt man ihn am besten auf einer ebenen Fläche neben einem Weg oder dort an, wo er eine Stelle zwischen den Beeten oder der Begrenzung akzentuiert. Wenn man ihn dagegen auf einem erhöhten Punkt plaziert, eignet sich ein solcher Teich auch als zentraler Blickpunkt einer Gartenanlage.

Viele Menschen finden Gefallen an großen, grauen Kieseln; andere wiederum bevorzugen eine Mischung von farbigen Steinen. Da in einem kleinen Garten die Abwechslung eine wichtige Rolle spielt, sollten Sie ruhig einmal die verschiedenen Möglichkeiten ausprobieren. Manche Steine besitzen eine natürliche grünliche oder rötliche Tönung, die zu den Farben Ihrer Gartenmöbel, zu den Fliesen oder zum Hausanstrich passen oder in reizvollem Kontrast dazu stehen. In dieser Hinsicht bieten Experten für Wassergärten und einige Gartenzentren diverse Bezugsquellen oder eine fachgerechte Beratung an.

Ein kleiner Teich könnte auch mit Muscheln und/oder Kieseln geschmückt werden – große, rosafarbene Muschelschalen beispielsweise, die Sie beim Fischhändler bekommen, wirken sowohl für sich allein als auch in Verbindung mit Kieseln wunderschön. Und wenn Ihnen Ihr ursprüngliches Konzept einmal nicht mehr zusagt, versuchen Sie einfach, Stil und Arrangement der Kieselsteine oder der umliegenden Pflanzen zu verändern. Auf diese Weise können Sie einen erfrischenden Wechsel herbeiführen, ohne gleich den ganzen Garten neu anlegen zu müssen.

Der Rand eines Kieselteiches läßt sich formal mit Zwergbuchsbaum (*Buxus sempervirens* 'Suffruticosa'), mit ansprechenden Kriechpflanzen wie Pfennigkraut (*Lysimachia nummularia*) oder Farnen begrenzen bzw. mit Ziegelsteinen oder Platten einfassen. Größere Steinteiche müssen zuvor ausgehoben und mit Folie ausgelegt werden (am besten mit einer flexiblen Folie; siehe Seite 54). Aber auch ein großer Behälter, etwa ein alter Wassertank, läßt sich als Reservoir für die Versorgung Ihres Wasserspeiers verwenden: Legen Sie einfach ein stabiles Drahtgitter darüber, aus dem ein quadratisches Stück ausgeschnitten wird, damit man die Pumpe bedienen, den Filter reinigen und den Teichboden von Schlamm säubern kann. Über die Öffnung selbst kommt ein etwas größeres Gitter, das sich leicht entfernen läßt, um die oben beschriebenen Arbeiten ausführen zu können.

Es gibt aber auch Kieselteiche in erhöht aufgestellten Behältern, die einen interessanten Blickfang bieten: ein steinerner Trog beispielsweise wirkt ausgesprochen eindrucksvoll, wenn man darin Bachkiesel aufhäuft. In diesem Fall müßte die Pumpe im Innern des Gefäßes – oder besser noch daneben in einem Reservoir im Boden – installiert werden. Auch ein Terrakottabecken oder ein halbiertes Holzfaß eignen sich gut, um sie mit kleineren, polierten Bachkieseln zu füllen.

Selbst ein streng geometrischer Teich läßt sich umgestalten und in einen Kieselteich verwandeln, indem man ihn ganz einfach mit einer Schicht Bachkiesel auslegt. Die Steine sollten gerade eben mit Wasser bedeckt sein, so daß man ihre Farben gut erkennen kann. Noch eine hübsche Variante für einen runden Zementteich: Geben Sie eine Mörtelmischung auf den Boden, pflastern ihn im portugiesischen Stil mit eng nebeneinander plazierten Kieseln aus und bringen Sie in der Mitte eine kleine Fontäne an.

Oben: Die Wassertropfen aus dem Fischmaul versickern im Erdreich und spenden den Farnen Feuchtigkeit: Hier sind es Schildfarn (*Polystichum setiferum*), Frauenhaarfarn (*Adiantum pedatum*) und Hirschzunge (*Phyllitis scolopendrium*). Bei dem Strauch im Hintergrund handelt es sich um den ungewöhnlichen, halb-winterharten Klebsamen *Pittosporum tenuifolium* 'Irene Patterson' mit gewellten, immergrünen Blättern. Neben dem Kieselteich wachsen die Bodendecker *Houttuynia cordata* und *Houttuynia cordata* 'Chamaeleon' sowie der hübsche Fächerahorn *Acer palmatum* 'Dissectum'.

Oben: Ein Entwurf mit einem schönen Findling: Gneis durchsetzt mit Quarzitstreifen. Der Stein wurde durchbohrt, so daß ein Wasserstrahl austreten und über die unregelmäßige Maserung fließen kann. Die rosa Blütenähren des Wiesenknöterichs (*Polygonum bistorta* 'Superbum') sowie die hübsch geformten Blätter einer immergrünen Segge (*Carex hachijoensis* 'Evergold', rechts im Bild) und des Spierstrauches (*Spiraea japonica* 'Goldflame', links oben) verstärken diese Wirkung zusätzlich.

Ein ebenerdiger Kieselteich läßt sich ohne weiteres in sehr beengten Verhältnissen einrichten; 30 cm Durchmesser sind ausreichend für ein kreisförmiges Modell. Wenn Sie jedoch rund um den Teich eine Folie zum Auffangen der Wasserspritzer anbringen wollen, sollten Sie etwas großzügiger planen. Graben Sie einfach am vorgesehenen Platz ein Loch für ein kleines Reservoir (ein Müllbehälter oder Kunststoffeimer reicht aus), und stellen Sie die Pumpe auf einen Ziegelstein, damit der Bodenschlamm nicht so leicht angesaugt wird.

Dann schneiden Sie ein stabiles Drahtgitter so zu, daß es etwa 15 cm größer ist als der Behälterdurchmesser, legen es genau über das Reservoir und fixieren es mit Drahtkrampen im Erdreich. Damit der Wasserverlust möglichst gering bleibt, sollte man einen Ring aus Teichfolie unter das Gitter plazieren; wenn Sie aber dafür sorgen, daß das Reservoir randvoll bleibt, ist diese Vorsichtsmaßnahme unnötig. Außerdem können die Uferpflanzen tiefer wurzeln und sind dankbar für das zusätzliche Wasser. Wofür Sie sich auch entscheiden – Wind und selbst normale Verdunstung bewirken einen ständigen Wasserverlust, so daß Sie Ihr Reservoir regelmäßig auffüllen müssen.

Wenn alles an Ort und Stelle ist und die Düse für die Fontäne leicht herausragt, können Sie damit beginnen, die Steine von außen nach innen aufzuschichten. Die Pumpenleistung sollte so eingestellt sein, daß der schwache Springbrunnen bei Windstille gerade eben die äußersten Kiesel benetzt. Für größere und flache Kieselteiche ist es sinnvoll, eine Teichfolie (siehe Seite 54) als Dichtung zu verwenden und diese geschickt am Rand mit Kies, Kieseln oder Bruchsteinen zu kaschieren.

Wenn Sie solche Teiche bepflanzen, sollten Sie immer daran denken, daß die Pflanzen kleine Vertiefungen oder Hügel mit Substrat benötigen – es sei denn, Sie setzen die Gewächse ganz außen an den Rand, so daß sie ihre Wurzeln in

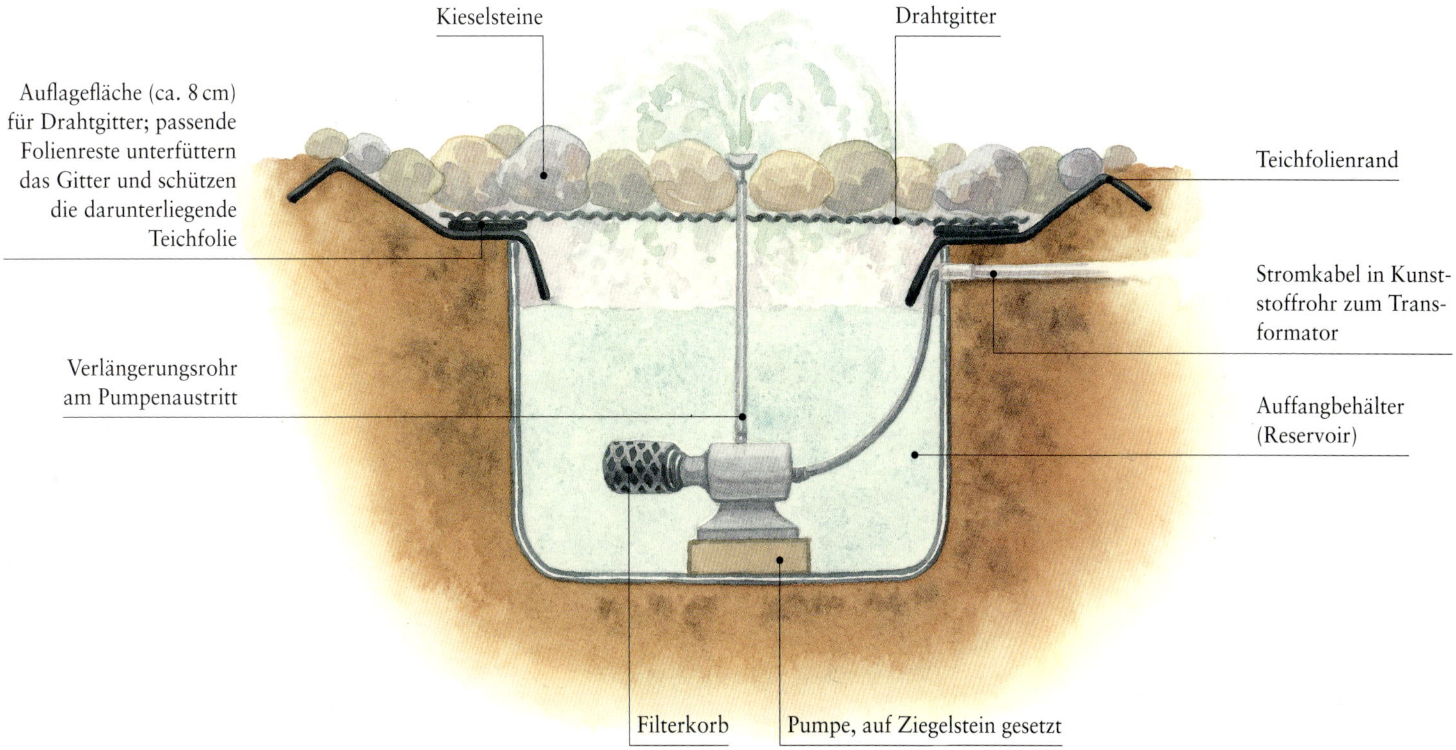

den Erdboden senken können. Eine weitere Möglichkeit besteht darin, Blumentöpfe in den Kieseln zu verstecken. Auf diese Weise werden kriechende Pflanzen mit Ausläufern ermutigt, zum Wasserrand hinzuwachsen.

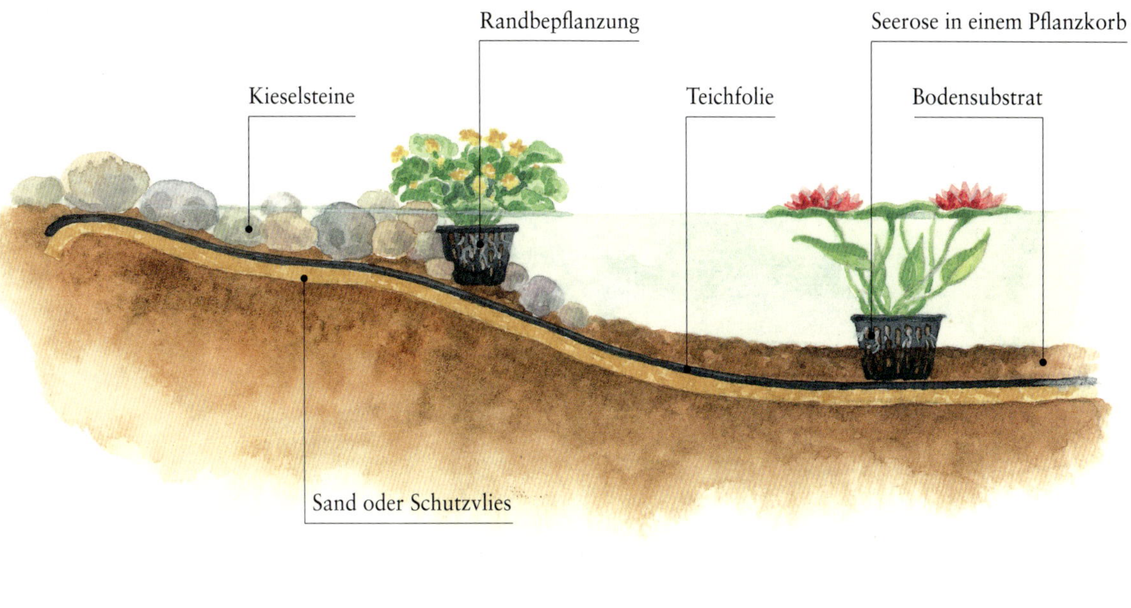

Links: Grün und Weiß sind die dominierenden Farben bei diesem stillen Teich in einem warmen, geschützten Garten. Das üppige Blattwerk des Knöterichs, schimmernde Seerosenblätter, Bergenien und Sumpfdotterblumen bilden einen interessanten Kontrast zu den weißen Tabak- und Seerosenblüten und zum weißem Mohn. Hinzu kommen die Lobelie (*Lobelia cardinalis*) mit bronzefarbenen Blättern und das Berufkraut (*Erigeron karvinskianus*) mit bezaubernden rosa und cremeweißen Blüten. Achten Sie darauf, wie die Purpurflecken auf den Seerosenblättern durch das purpurfarbene Blattwerk der Lobelie (*Lobelia* x *gerardii* 'Vedrariensis') hervorgehoben werden, und wie das Gold der Schlauchpflanze (*Sarracenia purpurea*) sich im Gold der Blätter wiederholt.

Rechts: Ein verzauberter Steinteich, bei dem gelbe Rosen und bunte Blätter das Grün aufhellen. Zur Bepflanzung zählen Farne wie der leicht zu kultivierende Wurmfarn (*Dryopteris filix-mas*), ein ebenso gut gedeihender Frauenmantel (*Alchemilla mollis* oder *A. erythropoda*), goldgefleckter Efeu (*Hedera helix* 'Buttercup'), eine sich ausbreitende gelbe Rose wie die 'Canary Bird', goldgesprenkelte Ölweide (*Elaeagnus* x *ebbingei* 'Gilt Edge') sowie gelbe Veilchen (*Viola*).

Oben: In diesem hübsch gealterten, moosbedeckten Steingarten verschwindet ein künstlicher Bach beinahe unter einem Hügel aus rosa und violetten Blumen. Steingartenpflanzen findet man in einer Vielzahl von Formen und Farben, aber in diesem Falle entschied sich der Besitzer für die Farben des Sommers: ausdauernder Storchschnabel, duftende Nelken *(Dianthus)* und Thymian aus dem Mittelmeerraum mit grünen und graugrünen Blättchen.

Rechts: In diesem Beispiel wurde durch die Verwendung von gelbfarbigen Felsbrocken und Steinsplittern ein reizvoller, heller Untergrund geschaffen, der mit dem Grau der Kieselsteine kontrastiert. Die Bepflanzung um einen Teich sollte farblich mit dessen Steinen harmonieren, so wie hier die goldene Taubnessel (*Lamium maculatum* 'Aureum') und der graugrüne Frauenmantel (*Alchemilla mollis*), der Tautropfen und Regen in seinem Blattwerk festhält. Die grauen Steine werden durch *Heuchera micrantha* 'Palace Purple' hervorgehoben und durch die rosafarbenen Blüten der fedrigen Prachtspieren (*Astilbe*) sowie die Ähren des Knöterichs (*Polygonum macrophyllum*) belebt.

Oben: Das vorherrschende Farbschema beschränkt sich hier auf Gold und Grau vor einem Hintergrund aus grünem Blattwerk. Der kleine Teich reflektiert das strahlende Gelb der Sumpfschwertlilie (*Iris pseudacorus*) mit ihren speerförmigen Blättern sowie der verschiedenen Varietäten der gelben Fetthenne, die einen goldenen, bodendeckenden Effekt erzeugen. Zu den besten Fetthennen gehört *Sedum floriferum* 'Weihenstephaner Gold', aber auch der gewöhnliche Mauerpfeffer (*Sedum acre*) erzielt eine hübsche Wirkung, obwohl er nicht ganz so dicht wächst.

Oben: Über einem ungewöhnlichen Wasserfall, bei dem das Wasser durch eine Anhäufung von Findlingen und Kieselsteinen strömt, hängt ein grüner Vorhang von Bambusblättern. Das Wechselspiel von Licht und Schatten sowie kontrastierenden Elementen erzeugt eine stimmungsvolle, orientalische Atmosphäre. Ein eher winterharter Bambus für kleinere Gärten ist *Pleioblastus auricomus*, der unter der prallen Sonne wunderschöne goldgrüne Blätter bildet. Auch die immergrüne Segge *Carex hachijoensis* 'Evergold' eignet sich als Pflanze, um denselben Farbeffekt hervorzurufen.

Der Garten von Crossing House

Dieser kleine Garten versteckt sich in einem Dorf in Cambridgeshire. Er liegt ganz in der Nähe der Haupteisenbahnstrecke zur Station King's Cross in London und wurde zum Eldorado für alle Gartenliebhaber, die sich an der Exklusivität und Vielfalt der Pflanzen und Gestaltung erfreuen. Allerdings erkundigen sich die Besucher in erster Linie nach den Wasseranlagen. Indem sie auf geniale Art und Weise alle Möglichkeiten bis an ihre Grenzen ausschöpften, haben die Besitzer des Gartens Wasser in unterschiedlichster Gestaltung an sechs verschiedenen Orten innerhalb der Anlage integriert.

Krönender Höhepunkt ist der runde Kieselteich, den eine Miniaturhecke aus Buchsbaum umgibt. Dieser Teich wurde so gestaltet, daß er unweigerlich die Blicke auf sich zieht und von jedem Punkt des Gartens einen eindrucksvollen Mittelpunkt bildet. Aus der Nähe betrachtet, enthüllt er eine unerwartete Dimension, da die nassen Kieselsteine für sich allein gesehen einen außerordentlich attraktiven Anblick bieten: Viele dieser Steine enthalten fossile Ammoniten und Trilobiten. Im Laufe der Jahre haben die Besitzer und ihre Familie die ungewöhnlichen Felsbrocken und Findlinge gesammelt und kennen jeden einzelnen Stein. Ein sanfter Sprühregen aus einer Fontäne in der Mitte des Teiches läßt sie wie frischgewaschenen Kies am Meeresstrand erglänzen.

Den Kreis aus Kieseln ergänzt ein winziger Teich, der aus einem alten Kupferwaschkessel gestaltet wurde und wie ein großer Kupfereimer wirkt, um den sich anmutig die Pflanzen gruppieren. Zwei weitere dieser »Kupferteiche« befinden sich auf der anderen Seite des Hauses, wo sich der Garten auszuweiten beginnt; darüber hinaus wurde in einem schattigen Winkel auf der gegenüberliegenden Seite der Anlage eine winzige, kaskadenförmige Fontäne angelegt. Zusätzlich plätschert ein kleiner Wasserfall über eingebrachte Findlinge in einen kleinen, aber tiefen Tümpel, der unter dem Pfad hindurch mit einem größeren Teich verbunden ist. Dieser wiederum grenzt an einer Seite an den Rasen und auf der anderen an einen Felshügel.

Oben: Der Buchsbaumkreis besteht aus dem kleinblättrigen *Buxus sempervirens* 'Suffruticosa'. Eine Spirale aus Buchsbaum sowie die Hecke, die sich den Pfad entlangzieht, tragen dazu bei, alle Gestaltungselemente zu einem Gesamtbild zu vereinigen.

Links: Die Steine wurden auf ein Drahtgitter gebettet, durch welches das Wasser in ein Sammelbecken tropft. Von dort aus kann es zur Fontäne in der Mitte hochgepumpt werden.

Oben: Der hier gezeigte, größte Teich des Gartens ist durch ein Rohr unter dem Weg mit einem doppelten Teich samt einem niedrigen Wasserfall verbunden. Zwergseerosen und Gauklerblume (*Mimulus guttatus*) wachsen im Wasser, während Wurmfarn (*Dryopteris filix-mas*), der kleine Tüpfelfarn (*Polypodium vulgare*) und Nachtkerzen (*Oenothera biennis*) die Randbepflanzung bilden.

Formale Teiche und Spring-brunnen

Seit dem Mittelalter bilden formale Teiche und Springbrunnen eine beliebte Zierde für kleine, umschlossene Gärten. Ein solcher, streng geometrischer Teich schafft eine Atmosphäre der Ruhe und Ordnung und kann – geschickt plaziert – einen Garten optisch vergrößern. Darüber hinaus paßt er sich problemlos jedem Gartenstil an, ob es sich dabei um einen naturnahen Garten voller Wildblumen oder einen eher formalen Garten handelt. Auch Fontänen, die plätscherndes oder sprudelndes Wasser erzeugen, dürfen nicht fehlen – nicht nur wegen der optischen Ausstrahlung, sondern auch aufgrund ihrer beruhigenden akustischen Wirkung. Denn der Anblick und das Plätschern des aufsteigenden und in den Teich zurückfallenden Wassers bilden eine schöne Ergänzung für einen ansonsten ruhigen Garten.

Links: Die zwischen der unregelmäßigen Pflasterung wachsenden Gartenblumen schaffen mitten in der Stadt eine zwanglose Atmosphäre. Der Wasserstrahl der geteilten Fontäne erreicht die Höhe der weißen Glockenblumen, während das Netz, das an der am inneren Teichrand montierten Metallschiene aufgehängt wurde, den Teich vor Herbstlaub schützt.

Oben: Dieser höchst ungewöhnliche Mittelpunkt weckt Assoziationen an mittelalterliche Blumenwiesen. Der verzierte Metallkübel ist am Rand mit Gänseblümchen und Kriechendem Hahnenfuß (*Ranunculus repens*) bepflanzt, und aus einer Düse in der Mitte spritzt Wasser auf ein kleines, mosaikverziertes Rondell, das durch einen Vorhang aus goldenen Grashalmen hindurchschimmert. Die winterharte *Carex elata* 'Aurea' – ein wunderschönes Riedgras – bietet sich wie *Carex hachijoensis* 'Evergold' für Teiche oder Sumpfgärten geradezu an, während man am Rand auch niedrige Margeriten oder Sumpfgarben (*Achillea ptarmica*) verwenden könnte.

Durch eine gepflegte, niedrige (bis 30 cm hohe) Heckenumrandung lassen sich formale Teiche besonders hervorheben. Die dafür verwendete Hecke könnte aus Zwergbuchsbaum, Lavendel oder Zypressenkraut (*Santolina chamaecyparissus*) bestehen – je nachdem, ob Sie üppige immergrüne oder duftende Pflanzen in gedeckten Farbtönen bevorzugen. Leicht erhöhte Teichränder (über 60 cm) aus Materialien wie Stein oder Ziegel nutzt man am besten als ungezwungene Sitzgelegenheit und schmückt sie lediglich mit einem Arrangement von Pflanzen in unterschiedlichen Töpfen und Gefäßen.

Formale Teiche auf Bodenniveau kommen in kleinerem Format gut zur Geltung. Eine dunkle Wasserfläche in einer gepflasterten oder mit Ziegelsteinen gestalteten Umgebung stellt eine unvergleichliche Bereicherung für den Garten dar. Sehr kleine formale Teiche gestaltet man am besten ganz schlicht und in einfachen Formen, während man bei einem Teich, der mehr als 100 cm Seitenlänge mißt, schon genau überlegen sollte, welche Form am besten zu Stil und Proportion des Gartens paßt. Dagegen erhalten große Teiche durch die anmutigen Wasserbögen und das Plätschern von Fontänen, die entweder im Teich oder am Rand installiert sind, zusätzliches Flair. Früher benötigte man dafür komplizierte hydraulische Vorrichtungen, aber dank moderner Technik kann heute jeder Amateur mit einer leistungsstarken Pumpe für den Hausgebrauch einen solchen Teich auch an der kleinsten Stelle im Garten anlegen.

Teiche mit Springbrunnen kommen dann am besten zur Geltung, wenn sie durch eine gewisse Ordnung geprägt sind; dagegen können die an der Seite eines Teiches aus Ziegelstein oder Stein angebrachten Fontänen durch Kübelpflanzen-Arrangements oder kleine gefällige Blumenbeete und Sträucher optisch unterstrichen werden. Die Form des Wasserstrahls wiederum läßt sich in der umgebenden Bepflanzung noch einmal aufnehmen.

Besonders effektvoll ist das gebogene Blattwerk von Funkien, Schwertlilien, Prachtspieren und Farnen; aber auch Rosen mit kompaktem, runden Wuchs wirken am Rand eines Teiches sehr hübsch. 'Raubritter' ist eine klassische Rosensorte mit gefüllten, tiefrosa Blüten, die jedoch kaum duftet und nicht zu Mehltau neigt; bei 'De Rescht' handelt es sich um eine wunderschöne karminrote Portland-Rose mit hübschen zierlichen Blüten, während die gelbe 'Baby Love' – eine junge, recht kompakte Rosensorte – durch ihren Duft erfreut.

Da die meisten Fontänen oder Wasserspeier Anschlußmöglichkeiten für diverse Düsen besitzen, können Sie zwischen unterschiedlich geformten Sprühköpfen wählen. Man sollte bei kleineren Teichen auf ein allzu kompliziertes System verzichten, aber es ist durchaus möglich, den Bogen eines einzigen oder eines geteilten Strahls bzw. die Bögen von drei, fünf oder vielen dünnen Wasserfingern so zu variieren, daß der Eindruck von Dynamik entsteht – was in kleinen Gärten sehr von Vorteil ist.

Auch Wasserspeier in Frosch- oder Krötenform, die vielleicht besser in einen naturnahen oder Naturteich passen, bieten einen netten Anblick. Am besten plazieren Sie sie unauffällig zwischen die Pflanzen am Teichrand; achten Sie jedoch darauf, daß sie nicht überwuchert werden. Da die Pflanzen im Gegensatz zur fest installierten Fontäne ständig wachsen, sollten Sie die Fontänendüse immer ein bißchen weiter entfernt vom Blattwerk installieren, als es auf den ersten Blick nötig erscheint. Andererseits empfiehlt es sich, die Länge der Rohrleitung so kurz wie möglich zu halten, um dadurch die Belastung für die Pumpe zu verringern.

Bei der Konstruktion eines formalen Teiches muß die vorgesehene Grube so akkurat und sauber wie möglich ausgehoben werden, da

Links: Bei diesem rechteckigen, erhöhten Teich wurde kein Versuch unternommen, die Bepflanzung natürlich wirken zu lassen. Statt dessen stehen Kübel mit schattenliebenden Pflanzen fast bis zum Rand im Wasser und sind mit dekorativen Kieseln bedeckt, damit die Blumenerde nicht weggespült wird. Die großwüchsige *Gunnera magellanica* erhielt einen Platz in einem Blumentopf, um sie an einem unkontrollierten Wuchs zu hindern. Aber zu den schönsten Pflanzen eines Wassergartens gehören die Zypergräser, wie hier *Cyperus involucratus* mit seinen ägyptisch anmutenden, sternförmigen Wedeln.

Unten: Die Springbrunnen-Skulptur bildet einen passenden Mittelpunkt für diesen nicht streng formalen Teich mit seinem kopfsteingepflasterten Rand. Die Geometrie von Pflaster und Design wird durch den üppigen Pflanzenwuchs der Sumpfschwertlilien (*Iris pseudacorus* 'Variegata') im Teich und die ausladenden Sträucher in den umliegenden Beeten kompensiert, während Kübel voller Keulenlilien (*Cordyline*), Lilien und Schmucklilien (*Agapanthus*) sich immer wieder umgruppieren lassen und dadurch vielfältige Gestaltungsmöglichkeiten bieten.

bei einem schlecht gegrabenen und abgedichteten Teich die Seiten instabil sind und abbröckeln. Um ein Maximum an Stabilität zu erreichen, sollten die Seitenwände des Teiches eine Neigung von mindestens 10 Grad nach außen aufweisen. Danach legen Sie den Teich mit schützenden Polypropylen-Matten aus. Zur genauen Berechnung der benötigten Folie messen Sie die Länge des Teiches und addieren

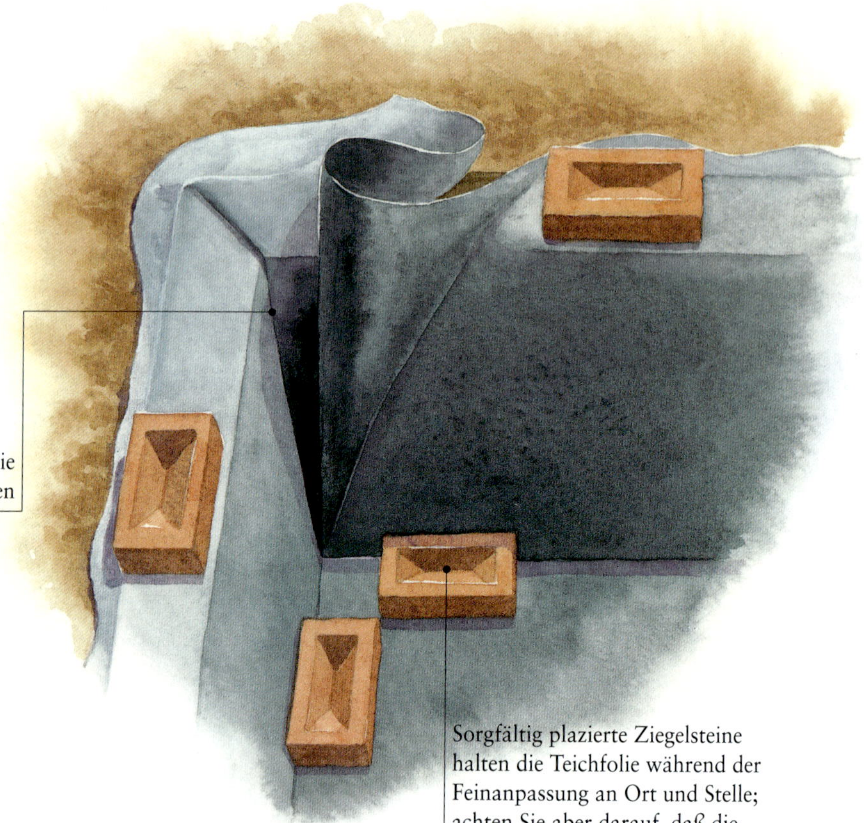

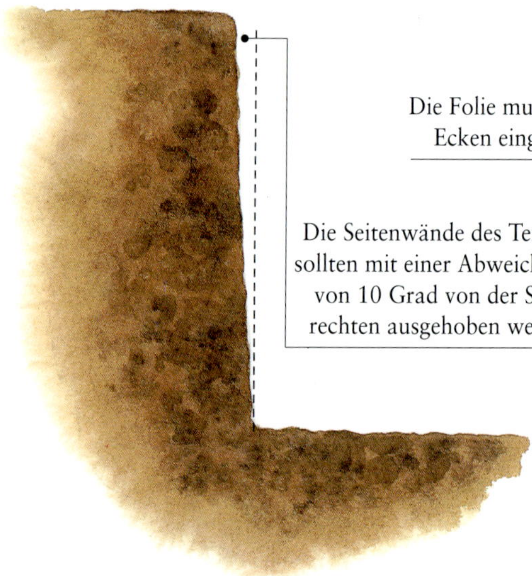

zweimal seine maximale Tiefe (für die Seitenwände). Auf die gleiche Weise berechnen Sie die Breite der Folie (Breite des Teiches plus zweimal maximale Tiefe). Zusätzlich addieren Sie weitere 30 cm zum Falten und Befestigen. Legen Sie die Folie in den Teich, und glätten Sie sie zunächst von der Mitte aus und dann bis in die Ecken. Wenn die Seitenwände keine Falten mehr aufweisen, beschweren Sie die Folie mit Ziegelsteinen, damit sie nicht mehr verrutscht. Danach formen Sie aus der überschüssigen Folie in jeder Ecke eine große Tasche, wobei die Folie sauber übereinandergelegt werden muß. Jetzt füllen Sie den Teich mit Wasser, um die Folie stramm an den Untergrund zu pressen, schneiden die überstehende Folie oberhalb der Wasserlinie ab und schla-

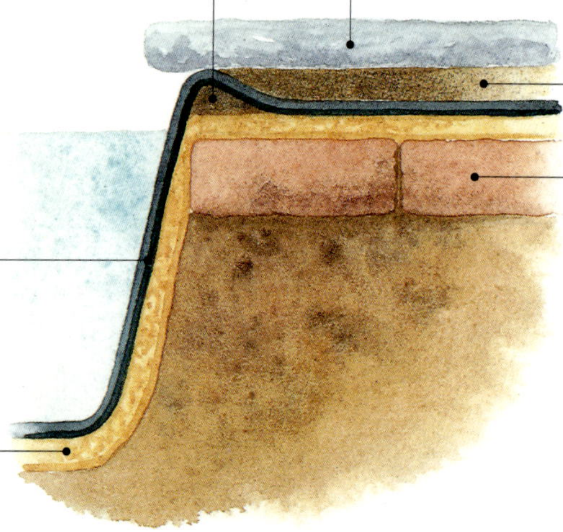

gen sie um, damit sie ordentlich befestigt werden kann.

Bei rundum gepflasterten, formalen Teichen können die Fliesen oder Kacheln bis über den Teichrand gezogen werden, um einen eindrucksvollen Abschluß zu erzielen. Tragen Sie die obere Erdschicht bis auf Wasserniveau ab; dann entfernen Sie weitere 10 cm Erdreich und ersetzen diese durch Ziegelsteine, um eine feste Unterlage zu schaffen. Anschließend ziehen Sie das Schutzvlies bis zu den Ziegelsteinen und versehen den Teichrand mit einem rundum verlaufenden Mörtelwulst. Dieser Mörtelrand gewährleistet, daß sich die Teichfolie später auf gleicher Höhe mit den Steinplatten befindet und diese auch von unten abgedichtet sind. Jetzt ziehen Sie die Folie über diesen Wulst und bedecken sie mit einer Mörtelschicht bis zur Höhe des erhabenen Mörtelrandes. Darauf legen Sie die Platten und drücken sie fest an.

Fontänen gehören zu den besonders einfach zu installierenden Wasseranlagen und bieten außerdem die beste und schönste Möglichkeit, einen kleineren Garten mit Wasser zu bereichern. Am besten verwenden Sie eine Tauchpumpe, die auf den Boden des Teiches gesetzt wird (der Anschlußstutzen muß nach oben zeigen, damit er leicht mit der Fontäne verbunden werden kann). Außerdem sollten Sie sowohl die Pumpe als auch die Fontäne auf einer erhabenen flachen Unterlage – beispielsweise einem Ziegelstein – installieren, damit sie nicht vom Schlamm bedeckt werden, der sich im Laufe der Zeit am Teichgrund sammelt. Das Stromkabel führen Sie am sichersten durch ein Plastikrohr unter einer Steinplatte hindurch und dann weiter ins Erdreich.

Oben: Die Schlichtheit dieses Gartens kommt nicht von ungefähr. Alle Effekte sind wohldurchdacht: Die ruhige Ausstrahlung des Teiches mit seiner niedrigen Buchsbaumhecke kontrastiert mit den ungefüllten Rosen und der etwas überwuchernden Hecke. Vor diesem schattigen Hintergrund hebt sich das strahlende Gelb der Schwertlilien besonders gut ab, während ihre spitzen Blätter einen schönen Gegensatz zu den runden Seerosentupfen bilden und den flachen Rand aus Ziegelsteinen und Buchsbaum hervorheben.

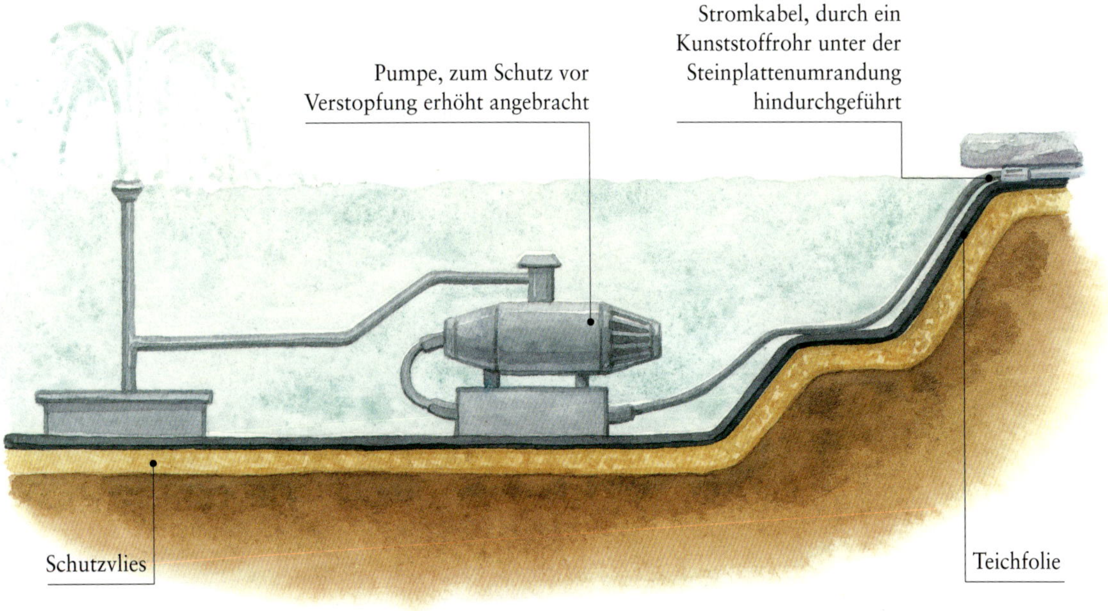

Links: Die prachtvolle Pflanzenwildnis um diesen kleinen, erhöhten Teich mit seinem Steinlöwen lenkt die Aufmerksamkeit auf den kühlen, dunklen Wasserspiegel. Das warme Rosarot der hohen Teerosen-Hybriden wird von den Verbenen auf der gegenüberliegenden Seite wieder aufgenommen, wobei das hellere Rosa von Bartfaden (*Penstemon)* und Storchschnabel mit den Farben der Ziegelsteine verschmilzt. Der gefleckte *Pittosporum tenuifolium* 'Silver Queen' und das weiß gestreifte Rohrglanzgras (*Phalaris arundinacea* 'Picta') sorgen für zusätzlichen Kontrast und Helligkeit, während die Purpurblätter der *Lobelia cardinalis* in die Tönung des Wassers übergehen, dessen ruhige Ausstrahlung durch die kleine Düse in der Herzmuschel nicht gestört wird.

Unten: Der unregelmäßig gepflasterte Rand dieses erhöhten Teiches paßt gut zum blauroten Bodenbelag aus Ziegeln. Schlichtheit lautet hier das Schlüsselwort: Auf dem dunklen Blattwerk erstrahlt eine einzelne weiße Seerose. Diese Pflanzen mögen zwar kein bewegtes Wasser, aber der sanfte Guß aus dem Frosch am Teichrand produziert nur ein paar Luftblasen und keine störenden Strömungen. Für einen solchen Teich von etwa 1 m Durchmesser eignen sich die anspruchslosen, halbgefüllten weißen Seerosen *Nymphaea* 'Caroliniana Nivea' oder *Nymphaea* 'Marliacea Albida' (mit dunkleren Blättern) besonders gut. Da diese Seerosen eine Wassertiefe von ungefähr 20 bis 60 cm benötigen, bieten sie sich für einen kleinen, erhöhten Teich geradezu an.

Oben: Die Seerosen in diesem sonnenbeschienenen, halbkreisförmigen Teich wetteifern mit dem leuchtenden Mosaik auf dem Teichrand, während die zart orangefarbenen Ziegelsteine mit den Terrakottaplatten harmonieren. Dieses Design ergibt einen attraktiven Blickfang, dessen Farben im gleißenden Sonnenlicht besonders gut zur Geltung kommen.

Rechts: Die ungewöhnliche, grau verwitterte Holzeinfassung des Teiches stellt eine optische Verbindung zu dem grauen Pflaster her. Aufgrund seiner etwas unregelmäßigen Form bildet der Teich einen besonderen Blickfang und bietet außerdem dem Hechtkraut (*Pontederia cordata*) ein Zuhause, während die spinnenförmige Wasseraloe (*Stratiotes aloides*) das größere Rechteck dominiert. Die zwanglose Bepflanzung ringsum – aus Immergrün (*Vinca minor* 'Aureovariegata'), Frauenmantel (*Alchemilla mollis*), Prachtspieren, Veilchen, Bambus und Wurmfarn (*Dryopteris filix-mas*) – erzeugt eine Vielfalt kontrastierender Grün- und Goldtöne.

Links: Eine Lücke zwischen den Fliesen wurde zu einer kleinen Wasserfläche umgestaltet, die eine winzige Sprudel-Fontäne belebt. Die üppigen Blütenbüschel der Rosen senken sich über die umstehenden Pflanzen, und winzige Blütenblätter treiben zwischen den kleinen Seerosenblättern und den purpurfarbenen Blüten der *Lobelia cardinalis*. Diese unterschiedlichen Farben, Strukturen und Formen werden durch die zentrale Wirkung des Teiches zu einem Gesamtbild zusammengefügt.

Links: Drei lustige Frösche – im Spiel vereint mit sechs hohen Wasserfontänen – ergeben eine unwiderstehlich fröhliche Skulptur. Die Form des aufsteigenden Wassers spiegelt sich in den schwertförmigen Blättern der Sumpfschwertlilie (*Iris pseudacorus* 'Variegata') sowie im hochwachsenden Gras und im braunlaubigen Neuseeländer Flachs (*Phormium tenax*) wider.

Oben: Die um den Ziegelsteinrand eines runden Teiches installierten Düsen erzeugen eine funkelnde Skulptur aus Wasser. Dieser Teich bildet den Mittelpunkt einer Pergola, der ein Baldachin aus üppig wuchernden Glyzinen Halbschatten spendet, während die Buchshecke am Fuß der Pergola einen klaren Abschluß der Blumenbeete und eine passende Ergänzung zum Ziegelsteinrand des Teiches formt.

Unten: Eine hübsche künstliche Muschel aus grünem Milchglas in einem Bett aus nassen Kieseln. Die Formen, Farben und Strukturen der Farne und des Steinbrechs sowie das Grau der Steine schaffen einen einfachen, aber wirkungsvollen Rahmen für diese Wasserskulptur.

Oben: (Von links nach rechts)
Fontänenaufsätze: »Vulkan«, einstufig, hoch; »Vulkan«, dreistufig; »Wasserglocke«; »Vulkan«, einstufig, niedrig; »Schirm«.

Der Nattern-Brunnen

Dieses in den Boden eingelassene Kleinod wurde für einen sonnendurchglühten Garten in einer australischen Regenwaldregion entworfen, aber die Grundidee für seine Gestaltung läßt sich auch auf sonnige Gärten in gemäßigten Klimazonen übertragen. Der Springbrunnen in der Mitte sitzt in einem hellen Oktagon aus unregelmäßiger Sandstein-Pflasterung, das nur wenig mehr als 90 cm im Durchmesser mißt. Der 30 cm hohe Beckenrand ist mit auffallenden Kacheln eingefaßt und von Veilchenbüschen umgeben, während die Fontäne aus zwei schlangenförmigen Metallröhren gestaltet wurde, die so anmutig miteinander verschlungen sind, daß die beiden Köpfe in entgegengesetzte Richtungen Wasser speien.

Bei der Gestaltung legte der Designer Phillip O'Malley großen Wert auf eine schattige Atmosphäre und versah den Teich mit einem Baldachin aus hohen Palmen. Das umliegende Terrain beherbergt einen üppigen tropischen Pflanzenwuchs mit Keulenlilien, Kaffeebäumchen, Akazien und Macadamia-Nußbäumen. Einige dieser Pflanzen sind auf der ganzen Welt bekannt, während andere zur lokalen Flora gehören. Außerdem gedeihen hier viele eßbare Früchte – was für die Besitzer ein zusätzliches Vergnügen an einem Garten bedeutet, in dem sie nicht nur mit Freunden das gesellige Beisammensein auf der Bank genießen, sondern im gepflasterten Bereich auch größere Feste feiern können.

Oben: Eine Steintreppe führt in den tieferliegenden Garten, wo eine rustikale Steinbank in die Trockenmauer eingebaut wurde. Die sechs Pfeiler aus rotem Stein, die in regelmäßigen Abständen außen um den gepflasterten Bereich stehen, dienen als Sockel für große Windlichter.

Rechts: Die Detailansicht des Teiches zeigt die Oberfläche der sanft gerundeten Zementumrandung sowie die gekachelte Außenwand. Da die Kacheln ein ausgeprägtes, unruhiges Muster aufweisen, wurde der umliegende Pflanzenwuchs recht schlicht gehalten, während die glänzenden Blätter die spiegelnde Wasseroberfläche noch einmal aufnehmen. Unter den weltweit mehr als 500 verschiedenen Veilchenarten findet sich bestimmt auch eine, die Lage und Klima Ihres Gartens verträgt.

Oben: Die Detailansicht der Fontäne zeigt die ineinander verschlungenen Nattern, von denen jede eine geteilte Wasserdüse besitzt (in Anlehnung an die gespaltene Zunge der Schlange).

Oben: Blick von den Stufen auf das Terrain und den Springbrunnen: Wenn eine Party im Garten stattfindet, wird die Bank entfernt, um mehr Platz zu gewinnen.

Becken, Tröge und Schalen

Bei der Integration von Wasser im Garten sind die einfachsten Ideen oft die besten. Denn im Grunde brauchen Sie dazu nichts weiter als einen Behälter, dessen Form zum Stil Ihres Gartens paßt. Man könnte beispielsweise eine schöngeformte Schale mit Wasser füllen, so daß die Vögel daraus trinken oder darin baden können, oder einen in den Boden eingelassenen Holzbottich mit einer kleinen Seerose oder einem Blattgewächs wie Papageienfeder (*Myriophyllum aquaticum*) bepflanzen. Wenn Sie diesen Bottich mit Kies, Bachkieseln oder Findlingen bzw. mit kleinen Kriechpflanzen wie Pfennigkraut (*Lysimachia nummularia* 'Aurea') umgeben, entsteht daraus ein beeindruckender Mittelpunkt Ihres Gartens. Und falls Sie darüber hinaus das Wasser plätschern hören wollen, genügt eine kleine Pumpe, um eine schlichte Fontäne oder einen einfachen Strahl zu produzieren.

Links: Dieser tiefliegende Teich aus einer Faßhälfte mit seiner lustigen Froschfontäne bildet einen ausgezeichneten Blickfang für die kleine Ecke eines Stadtgartens. Die Bepflanzung besteht aus Flattergras (*Milium effusum*), Schildfarn (*Polystichum setiferum*), Hirschzunge (*Phyllitis scolopendrium*) und einem nicht winterharten Frauenhaarfarn (*Adiantum capillus-veneris*).

Oben: In einer Lücke zwischen Bäumen und Sträuchern wurde inmitten überhängender Zweige eine Art Lichtung geschaffen, deren ruhige, kühle Wirkung durch die breiten, gerippten Blätter der Funkien noch unterstrichen wird. Der wunderschön gestaltete Mittelpunkt mit der Vogeltränke, die auf einem alten Baumstamm befestigt ist, verstärkt den naturnahen Gesamteindruck. Aufgrund der Schönheit ihrer Blätter werden die Blüten der Funkien häufig unterschätzt – hier jedoch erzeugen sie eine süß duftende, geheimnisvolle Atmosphäre.

Allerdings muß ein Gefäß von schlichter Schönheit – wie ein Becken oder Bottich – mit dem Gespür eines Gartendesigners plaziert werden. Wenn Sie einfach einen Bottich an irgendeinen Ort Ihres Gartens stellen in der Hoffnung, damit eine besondere Wirkung zu erzielen, ist nicht viel gewonnen. Statt dessen sollten Sie versuchen, den Blick optisch zu dem Behälter zu lenken oder eine ausgesuchte Ecke mit attraktiven Blattpflanzen wie Buchsbaum, Eibe, Efeu oder Günsel bepflanzen, damit ein angemessener Hintergrund für den Bottich entsteht.

Eine ganze Reihe von Handwerksbetrieben und Künstlern hat sich auf die Herstellung von Becken und verzierten Vogelbädern spezialisiert – angefangen von einfachen Behältnissen bis hin zu Sockeln und Säulen, die das Gefäß über Bodenniveau erheben. Möglicherweise wollen Sie aber auch selbst ein Becken oder einen Bottich anfertigen; ansonsten würde sich ein Besuch der einheimischen Töpfereien oder Märkte lohnen. Selbst bei Antiquitätenhändlern und auf Flohmärkten können Sie nach interessanten alten Trögen, Becken und anderen ungewöhnlichen, ausrangierten Behältnissen Ausschau halten, und gelegentlich finden sich auch in einem Gartenzentrum geeignete Becken oder Tröge. Da diese Geschäfte allerdings selten auf derartige Behälter spezialisiert sind, handelt es sich bei den von ihnen angebotenen Produkten oft um mindere Qualität oder schrecklichen Kitsch. Halten Sie deshalb lieber nach Becken und Bottichen Ausschau, die eine schöne, klare Form besitzen und aus hochwertigem Material mit einer interessanten Oberfläche bestehen, wie etwa Terrakotta, Steingut, Naturstein oder Holz.

Kleine und flache Schalen füllt man am besten mit Regenwasser, da Leitungswasser eine Reihe von gelösten Stoffen enthält. Der hohe Kalkgehalt so manchen Leitungswassers kann zu häßlichen Ablagerungen im Innern des Beckens oder Bottichs führen, die schwer zu entfernen sind und unter Umständen eine Beschädigung der Glasur oder des Materials zur Folge haben. Sollte Ihr Behältnis bereits solche Kalkränder aufweisen, bearbeiten Sie diese mit einem Topfkratzer aus Plastik. Anschließend reinigen Sie das Gefäß mit einem Entkalker oder Salz und Essig, spülen den Behälter aus und füllen ihn wieder mit leicht saurem Regenwasser.

Auch durch eine sorgfältige Plazierung und eine gezielte Pflanzenauswahl lassen sich die unterschiedlichsten Wirkungen erzielen. In einer formalen Komposition kommt eine Schale am besten zur Geltung, wenn sie auf einer Säule, neben einem Kunstobjekt oder in einem schön gestalteten Topf neben anderen Pflanzen steht – die Grundidee beruht hierbei auf einer Wechselwirkung aller Elemente. So können Sie beispielsweise für ein formales Design eine Schale in eine Ecke plazieren und mit größeren Kübelpflanzen oder kleinen Töpfen mit Buchsbaum kombinieren. Eine ansprechende Symmetrie läßt sich auch durch ein Arrangement gleichartiger Behältnisse erzielen: Umgeben Sie einen Steintrog mit ganz klarem Wasserspiegel oder voller Seerosen einfach mit ähnlichen Trögen voll unterschiedlicher Kriechpflanzen oder hübschem sternblättrigem Hauswurz (*Sempervivum*).

Dagegen gelingt Ihnen mit einem Faß, einem alten Waschkessel aus Kupfer oder einer flachen Schale ein eher ungezwungener Effekt. Wenn Sie diese Gefäße auf eine Säule oder auf den Boden stellen, erhalten Sie nicht nur einen attraktiven Blickfang, sondern bieten auch zahlreichen Vogelarten eine Tränke. Falls Sie für eine Party eine kurzlebige Dekoration benötigen, füllen Sie einfach eine hübsch geformte Schale bis zum Rand mit klarem Wasser, pflücken Blüten und lassen diese auf dem Wasserspiegel schwimmen.

Besonders vielseitig verwendbar sind auch die verschiedenen Fässer, die Wasser bzw. Wasserpflanzen beherbergen können und sich mit anderen Fässern kombinieren lassen, welche entweder mit blühenden Sträuchern oder mit Blattpflanzen wie Fächerahorn, Gräsern, Seggen oder Bambus bepflanzt sind.

Die Gartengestaltung mit Behältnissen auf kleinstem Raum kann eine echte Herausforderung für Ihr kreatives Talent darstellen. Wenn Sie die Positionen der bepflanzten Behälter und deren Beziehungen untereinander variieren, sind Sie in der Lage, auch kleine Gärten abwechslungsreich zu gestalten. Zu den Pflanzen, die sich besonders gut für Fässer eignen, gehören die korkenzieherartig gedrehte Sorte der Flatterbinse (*Juncus effusus* 'Spiralis'), der Froschbiß (*Hydrocharis morsus-ranae*) und einige Seerosensorten (*Nymphaea* 'Aurora' oder *Nymphaea* 'Paul Hariot').

Auch wasserdichte Faßhälften lassen sich gut in einfache und rustikale Wasserbehälter

Links: Hier wurden mehrere Schalen mit einem stillen Teich kombiniert. Die glasierten Gefäße gehören zu einem Wasserspiel und verleihen mit ihrer reflektierenden Oberfläche der ganzen Anlage zusätzlichen Glanz. An der Wasserkante wachsen Fleißiges Lieschen (*Impatiens*-Neu-Guinea-Hybriden), Nierenschuppenfarn (*Nephrolepis exaltata*) und Pfennigkraut (*Lysimachia nummularia*), während ein gefleckter Hartriegel (*Cornus alba* 'Elegantissima') und Liguster (*Ligustrum ovalifolium* 'Aureum') den Hintergrund bilden.

Links: Eine Studie in Grün ist immer sehr wirkungsvoll. In diesem holländischen Garten schaffen Buchsbaum und Efeu zusammen mit einem herzmuschelförmigen Steintrog und einem kleinen Haufen Bachkiesel eine verträumte Atmosphäre.

verwandeln und beispielsweise freistehend auf Gras oder Kies aufstellen. Sie können jedoch auch ein Loch graben und ein halbes Faß in ein Blumenbeet oder eine kleine Kiesfläche einsetzen. Allerdings muß das Faß mindestens 30 cm tief sein. Ein kleines, halbiertes Weinfaß aus Holz besitzt ungefähr die richtige Größe und bietet genügend Platz für einige wasserliebende Pflanzen wie Algenfarn (*Azolla filiculoides*), eine kleine Seerosensorte oder eine Flatterbinse (*Juncus effusus* 'Spiralis'), deren Pflanzkörbe aber auf Ziegelsteinen stehen sollten. Wenn Sie eine Plattform für den leichteren Ein- und Ausstieg anlegen, könnte es Ihnen sogar gelingen, auch Frösche anzulocken. Dazu müssen Sie knapp unterhalb des normalen Wasserspiegels ein passendes Holzstück an der Innenseite des Fasses anbringen. Als Alternative ließe sich ein Ziegelstein hochkant an die Innenseite des Fasses stellen oder eine »Froschleiter« bauen, indem man an den Seiten Steine aufschichtet.
Die meisten in Gartenzentren erhältlichen Fässer sind bereits vorbehandelt und wasser-

Oben: Diese freistehende Wasserskulptur von Christine Ann Richards besteht aus dunklem Ton, der bei hoher Temperatur gebrannt wurde. Das auf dem Foto sanft tröpfelnde Wasser kann zu einem feinen Schleier aufgedreht werden, der in den unteren Bottich rieselt. Im oberen Teil der Skulptur wuchern rosa Strauchmargeriten (*Argyranthemum*). Da die im unteren Bottich eingebaute Pumpe völlig geräuschlos arbeitet, hört man nur das leise Plätschern des Wassers.

Wenn Sie das Innere eines Fasses beschichten, müssen Sie sorgfältig darauf achten, daß alle Lücken zwischen den Dauben ausgefüllt sind.

dicht. Falls sich jedoch Lücken zwischen den Dauben befinden, stopfen Sie diese mit Ton und füllen das Faß mit Wasser. Sobald das Holz quillt, wird das Faß wasserdicht.

Eine andere Möglichkeit besteht darin, das Faß mit einer speziellen wasserdichten Beschichtung zu versehen, die ebenfalls in Gartenzentren erhältlich ist (lassen Sie sich von einem Angestellten das beste Produkt empfehlen). Unbedingt verzichten sollte man auf Fässer oder Bottiche, in denen Öl, Teer oder Holzschutzmittel aufbewahrt wurden. Und vergewissern Sie sich, daß das Faß absolut sauber ist, bevor Sie es an seinen Platz stellen.

Die Pflanzen können direkt in ihren Pflanzkörben ins Wasser gestellt oder in eine etwa 10 cm dicke Schicht lehmigem Kompost gesetzt werden. Falls erforderlich, stellen Sie die Körbe zum Höhenausgleich einfach auf Ziegelsteine.

Durch einen kleinen Wasserspeier, dessen Strahl in das Faß plätschert, läßt sich das Wasser zum Leben erwecken; dabei sorgt eine auf dem Boden des Fasses installierte Tauchpumpe für den Wasserkreislauf. Eine weitere Möglichkeit besteht darin, Wasser von einem Faß in ein anderes plätschern zu lassen; hierbei sollte sich die Pumpe im untersten und zugleich größten Faß befinden. Fertigen Sie zunächst eine Zeichnung Ihres Entwurfs an, und lassen Sie sich vor dem Erwerb der Pumpe von einem Fachmann beraten, um sicherzugehen, daß Sie auch die richtige Anlage kaufen.

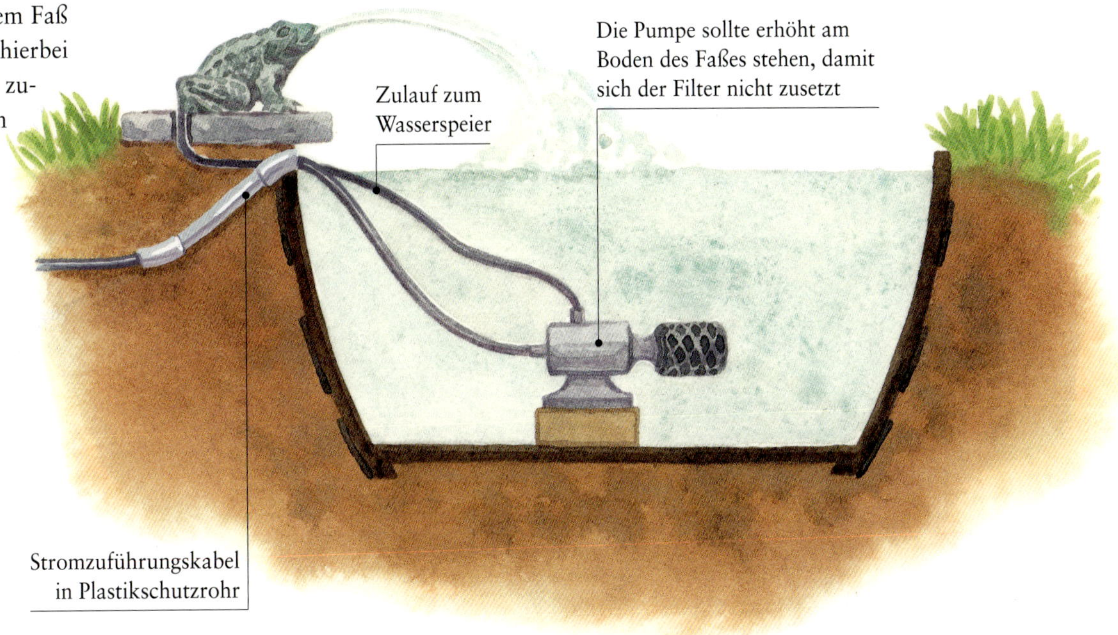

Links: Das Regenwasser in dem kleinen, rechteckigen Steintrog spiegelt die leuchtenden Blütenköpfe der Sonnenhüte wider, die in den Pflasterritzen wachsen. Die großblütige, niedrige *Rudbeckia fulgida* var. *sullivantii* 'Goldsturm' gedeiht in zwangloser Nachbarschaft mit grünblütigem Tabak (*Nicotiana langsdorffii*) sowie anderen Blumen und blühenden Kräutern, die zwischen den Pflastersteinen angesiedelt sind.

Oben: Auch im kleinsten Garten läßt sich mit etwas Phantasie eine besondere Wirkung erzielen. Diese wassergefüllte Metallschale mit ihrem sanften Schimmer stellt zusammen mit den hübschen Primeln – der seltenen, spätblühenden chinesischen *Primula capitata* ssp. *sphaerocephala*, die in feuchtem Boden gut gedeiht – ein wahres Kleinod dar. Um die Schale wurden Bachkiesel arrangiert, die eine lockere Umrandung bilden.

Oben: Steintröge besitzen einen ganz besonderen Charme, der zum Großteil auf der Festigkeit und der Oberflächenstruktur des Materials beruht. Dieses dunkelgraue Steinbassin ist umgeben von farbenfrohem Pflanzen- und Kräuterwuchs: Im hellen Sonnenschein entfalten gefüllter Mohn, goldgelbe Ringelblumen, leuchtend orangefarbener Alant (*Inula royleana*), violette Veilchen und königsblaue Blütenstände des Ehrenpreis (*Veronica austriaca* 'Royal Blue') ihre volle Farbenpracht.

Links: Ein Arrangement aus Behältern mit Wasserpflanzen und mit Erde gefüllten Kübeln kann für einen interessanten Kontrast sorgen. Auf dieser locker gefliesten Terrasse schmiegt sich ein Terrakottatopf mit Verbenen an ein Wasserfaß mit üppigem Pflanzenleben: Seerosen, Hechtkraut (*Pontederia cordata*), Binsen und eine gelbe Schlüsselblume (*Primula florindae*). Die Wasserlinsen (*Lemna minor*) bedecken auch die letzten freien Wasserflächen.

Rechts: Diese attraktive Kombination von Kübeln und Töpfen erzeugt eine Atmosphäre der Ausgeglichenheit und heiteren Klarheit, die ein einzelnes Behältnis niemals schaffen könnte. Die sanften Farben der Trennwände sorgen für ein orientalisches Flair. Die Kunst einer guten Komposition besteht darin, die Strukturen des Blattwerks zu variieren: Grasartige und schwertförmige Blätter kontrastieren mit schimmernden, flachen Seerosenblättern und wildwucherndem Zypergras. Beim Entwurf einer solchen Pflanzenkomposition sollten Sie unbedingt sicherstellen, daß der Untergrund – in diesem Falle ein Balkon – das Gewicht auch trägt.

Der Wasserspeier

Ein ungewöhnlicher und etwas makabrer Kopf, den der Gartenkünstler Dennis Fairweather aus Steingut anfertigte, ragt aus dem mit Wasserlinsen bedeckten Wasser hervor; die Hände sind um den Rand des oberen Fasses gelegt, als wolle der Badende sich jeden Moment daraus erheben. Durch einen besonderen Brennvorgang erhielt das bearbeitete Material einen grünspanartigen Effekt, der gut zu den Pflanzen und vor allem zum Blattwerk paßt. Der Wasserstrahl verleiht dem Ganzen Bewegung, und dank des etwas tieferstehenden, zweiten Bottichs kann das Wasser kräftiger plätschern als bei nur einem einzigen Behältnis.

Dieser Wasserspeier befindet sich, zusammen mit anderen Designer-Kübeln und Steintrögen, in einem im japanischen Stil angelegten Garten auf einem winzigen, mit Platten versehenen Areal, das in sauberen Kies übergeht. Auf Blumen wurde ganz bewußt verzichtet; statt dessen sorgen Koniferen und andere immergrüne Pflanzen, Farne sowie grün- und purpurblättrige Kletterpflanzen für einen schattigen, geheimnisvollen Hintergrund der wasser- und pflanzengefüllten Bottiche. Nach Auffassung des Künstlers bringt dieser ruhige Hintergrund seine Arbeit besser zur Geltung.

Jedes Element dieses winzigen Gartens ist stromunabhängig. Lediglich bei der Skulptur im Bottich benötigt die Pumpe eine Stromversorgung. Die ganze Anlage ist ein ausgezeichnetes Beispiel dafür, wie sich mit Hilfe von Wasser und Pflanzen beliebig variierende, dramatische Effekte erzielen lassen. Selbst die Steinplatten können vom Boden hochgehoben und anders arrangiert werden und somit den Gesamteindruck vielfältig verändern. Auf diese Weise entstand ein Garten, der sich leicht transportieren oder neu gestalten läßt.

Oben: Der Blick aus der Vogelperspektive auf die doppelten Bottiche und den »Schwimmer«: Die Strukturen und unterschiedlichen Grüntöne von Wasserlinsen, Koniferenblattwerk, Farnen und Bambus schaffen eine unterirdische, höhlenartige Atmosphäre.

Links und gegenüberliegende Seite: Die Plazierung und Verarbeitung der Bottiche wie auch des Kopfes und der Hände zeugen von viel Liebe zum Detail. In dem stilisierten, getupften Zwerghuhn – das ebenfalls von Fairweather entworfen wurde – neben den Bottichen wiederholt sich die Farbe des Kopfes. Der orientalische Einfluß auf diesen Teil des Gartens zeigt sich deutlich in der Wahl der Behälter, der Skulptur und der Pflanzen: Bambus, Farne, hellgrüne Sicheltanne (*Cryptomeria*) und blaugrauer Wacholder. Da außer der Berberitze (*Berberis* x *ottawensis* 'Superba') alle Pflanzen in Kübeln stehen, kann das gesamte Arrangement umgruppiert werden. Auf diese Weise lassen sich immer wieder andere Pflanzen in den Vordergrund rücken.

Naturnahe Teiche und Naturteiche

Nur wenige Dinge im Leben bereiten wohl mehr Freude als die Feststellung, daß Wildblumen und Tiere aus Wald und Feld Ihren Teich nahezu ebenso sehr schätzen wie Sie selbst. Denn nicht nur in großen Gärten lassen sich naturnahe Teiche anlegen. Auch in winzigen Gärten können kleine Tümpel zur Heimat einer Vielzahl von Lebewesen und Pflanzen werden, und wildwachsende Wasserpflanzen wie goldgelbe Sumpfdotterblume (*Caltha palustris*), duftende Wasserminze (*Mentha aquatica*), Sumpfvergißmeinnicht (*Myosotis palustis*) oder Bachbunge (*Veronica beccabunga*) gedeihen hier ebenso gut wie die heimische Schwertlilie. Außerdem lockt ein winziger Teich zahlreiche Wasserbewohner an: prächtige Großlibellen und grazile Kleinlibellen, Frösche, Kröten, Ruderwanzen und Käfer.

Links: Eine farbenfrohe Wildnis in und um einen unregelmäßig geformten Teich: Aus dem Wasser ragt der zarte Fieberklee (*Menyanthes trifoliata*), dahinter wachsen Schwertlilien, Storchschnabel, Primeln und Königsfarn.

Rechts: Dieser kleine Garten wurde fast völlig unter Wasser gesetzt. Lediglich ein Plankenweg und große Trittsteine führen von der geselligen Sitzecke unter dem freundlichen Sonnenschirm aus Segeltuch auf die andere Seite des Gartens, während Bambus, kleine Bäume und Sträucher eine intime und geschützte Atmosphäre schaffen.

Links: Die hübsche Ecke vor der Bambushecke lädt unwiderstehlich zur Entspannung im Gartenstuhl unter der Pergola ein. Ringsum gedeihen Garten- und Wildpflanzen wie die gelbe Sumpfschwertlilie, orangerote Nelkenwurz und Rhododendren in fröhlicher Eintracht.

Naturnahe Teiche kommen am besten in einem ungezwungen wirkenden Garten im ländlichen Stil zur Geltung. Wenn Sie Tiere zum Trinken ans Wasser locken möchten, muß der Teich an einigen Stellen des Randes seicht abgesenkt sein, um zu verhindern, daß die Tiere in tiefes Wasser abrutschen. Der verbleibende Teichrand darf jedoch ziemlich steil abfallen, um Raum zu sparen. Eine weitere Möglichkeit zur Platzeinsparung einerseits und zur Anlage eines natürlichen, attraktiven Teiches andererseits besteht darin, den Teich nicht rund oder rechteckig zu konstruieren, sondern ihm einen halbkreisförmigen Umriß zu verleihen. Dies kommt meiner Meinung nach den Bedürfnissen eines kleinen Gartens eher entgegen als ein großer, durchgehend natürlicher Teich.

Auf diese Weise erhalten Sie einen soliden, steil abfallenden Uferbereich, der mit einer Holzplanke, einer Eisenbahnschwelle oder mit Steinplatten befestigt ist und von dem aus Sie ins tiefe Wasser blicken können, während der seichte Wasserspiegel am übrigen Rand des Halbkreises in Gras oder andere Vegetation übergehen kann. Darüber hinaus bietet ein Gürtel aus hohen Gräsern oder büscheligen Pflanzen wie Frauenmantel (*Alchemilla mollis*), Schwertlilien oder Wasserminze um den Teich wildlebenden Tieren einen gewissen Schutz.

Obwohl man Naturteiche im allgemeinen mit großen Gärten assoziiert, entwickelten sich gerade die vielen kleinen Tümpel in unzähligen Hintergärten zu einem wichtigen Lebensraum für die Pflanzen- und Tierwelt. Solche kleinen Teiche legt man am besten mit einer flexiblen Polyäthylen- oder *Butyl*-Folie an oder mit einem neueren, gleichermaßen starken Material, das als *EPDM* (Äthylen-Propylen-Dien-Monomer) bekannt ist. Diese flexiblen Folien, die Sie im Gartenzentrum oder in Spezialgeschäften für Wassergärten erhalten, können exakt auf die Form Ihres Teiches zugeschnitten werden und ermöglichen Ihnen, Neigungen und seichte Stellen in dem dafür am besten geeigneten Teil Ihres Gartens anzulegen.

Planen Sie den Naturteich möglichst so, daß Sie ihn von den häufig genutzten Räumen des Hauses leicht beobachten können, denn die sich einstellenden Tiere bieten das ganze Jahr hindurch einen faszinierenden Anblick – insbesondere, wenn Sie im Winter noch ein Vogelhäuschen aufstellen oder ein Nußsäckchen anbringen. Achten Sie darauf, daß der Teich eine gewisse Tiefe besitzt (stellenweise bis zu 1 m), da sich dann zwischen den Wasserpflanzen schon bald viele Bewohner einfinden werden: angefangen von Großlibellen über die Kleinlibellen bis hin zu Schnecken, Fröschen und Kröten.

Als Bepflanzung bieten sich zahlreiche Wildpflanzen an, mit denen Sie Ihrem Teich ein vollkommen natürlich wirkendes Aussehen verleihen können. Aber die meisten Gartenbesitzer bevorzugen eine Kombination von Wild- und Gartenpflanzen, die zu den Standortbedingungen des Teiches passen. Außerdem sollten Sie auch solche Blumen nicht vergessen, die eine große Anziehungskraft auf Bienen und Schmetterlinge ausüben – wie etwa Wiesenschaumkraut (*Cardamine pratensis*), Wiesenstorchschnabel (*Geranium pratense*) und andere ausdauernde Storchschnabelarten, Sumpfdotterblumen (*Caltha palustris*), Gamander-Ehrenpreis (*Veronica chamaedrys*) und Braunelle (*Prunella vulgaris*). Aber auch Wiesenmargerite (*Leucanthemum vulgare*) und Veilchen wie *Viola odorata* oder *Viola cornuta* (im Halbschatten) bzw. *Viola tricolor* oder *Viola labradorica* (an sonnigen Plätzen) eignen sich für diesen Zweck. Besonders ansprechend und auch bei Tieren sehr beliebt sind Kugeldistel (*Echinops*), Schmetterlingsstrauch (*Buddleja*), rote Spornblume (*Centranthus ruber*), Vergißmeinnicht und Efeu, während sich aus einer Kombination von Wasser- und Uferpflanzen wie Schwertlilien, Seerosen, Knöterich und Wasserhyazinthen optisch faszinierende Pflanzenarrangements gestalten lassen.

Wenn Sie einen naturnahen Teich bauen wollen, sollten Sie zuerst einen Gartenschlauch in

Oben: Mohn und gefüllte rote Seerosen bilden einen Kontrast zum dunklen Pflaster und dem Plankenweg, wobei die rosa Blüten der Schwanenblume (*Butomus umbellatus*) – inmitten von Schwertlilien und Hechtkraut (*Pontederia cordata*) – der Szenerie eine gewisse Leichtigkeit verleihen.

der Form auf den Boden legen, die Ihr Teich einmal haben soll. Dann schätzen Sie seine Lage aus jedem Blickwinkel ab und korrigieren das Ergebnis so lange, bis Sie zufrieden sind. Bei Grabungsbeginn geben Sie nach allen Seiten weitere 15 cm hinzu, um genügend Platz für Folie und Schutzvlies zu lassen.

Mit gestuften Böschungen erzielen Sie die schönsten Ergebnisse, da sie eine Bepflanzung auf unterschiedlichem Niveau erlauben. Heben Sie zunächst eine 20 bis 25 cm tiefe Grube aus, die eine möglichst flache Böschung aufweisen sollte. Von diesem Sockel aus können Sie dann die tiefere Zone etwas steiler anlegen. Insgesamt benötigt der Teich eine Tiefe von etwa 1 m (Zugabe 15 cm), damit Pflanzen und Tiere sicher über den Winter kommen.

Wenn der Aushub abgeschlossen ist, können die Abmessungen der Teichfolie berechnet werden: Messen Sie die Teichlänge und addieren Sie die doppelte Teichtiefe. Anschließend berechnen Sie die Teichbreite auf die gleiche Weise (Breite plus doppelte Tiefe). Sobald die Oberfläche der Grube geglättet ist und alle herausragenden Steine, Glas- oder Porzellanscherben entfernt sind, kann das Schutzvlies (meist aus Polypropylen) ausgebreitet werden, das ringsum bis zum Rand des Teiches reichen sollte. Bei einem steinigen Untergrund müssen Sie vor dem Auflegen des Schutzvlieses gegebenenfalls eine dicke Sandschicht auftragen.

Der nächste Schritt umfaßt das Verlegen der Teichfolie: Plazieren Sie sie zunächst nach Augenmaß, und beschweren Sie die Ränder mit Ziegelsteinen. Nachdem etwas Wasser eingefüllt worden ist, können Sie die Ränder fixieren: Zur Absicherung einer Rasenkante wird ein Stein in etwas Mörtel auf den ersten Absatz gebettet, mit einer dünnen Schicht Erde und anschließend mit dem Grassoden bedeckt.

Auf dem gleichen Prinzip basiert auch die Konstruktion von Naturteichen – mit dem einzigen Unterschied, daß zumindest ein Teil des

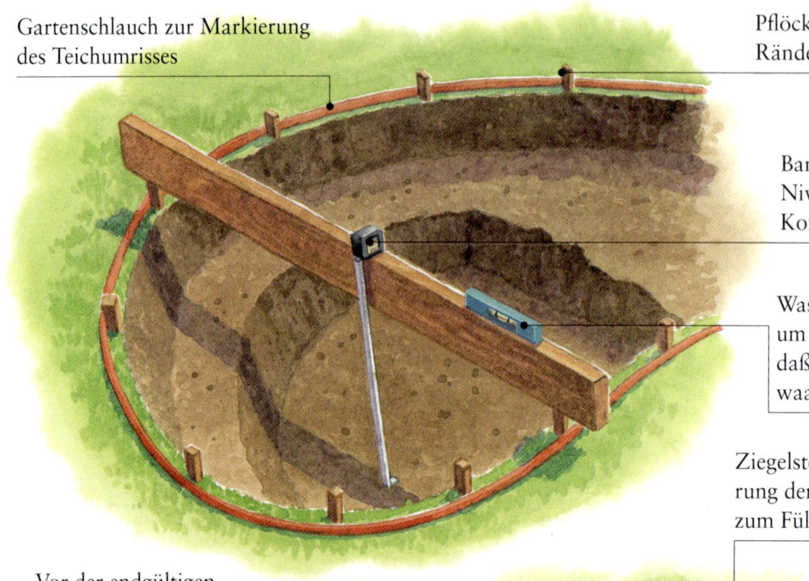

Uferbereiches sehr flach ins Wasser abfällt, damit sich Tiere gefahrlos heranwagen können. Wenn Sie zusätzlich ein Schutzvlies auf der Oberseite der Teichfolie verlegen, finden Erde und Kiesel besseren Halt und die Folie ist vor schädlicher Sonneneinstrahlung geschützt. Anschließend bedecken Sie den Grund und die flacheren Randzonen mit etwas Erde und Kies und lassen das Wasser langsam über ein Stück Kunststoffmatte hineinplätschern. Die zunächst trübe Färbung des Teiches wird sich nach ein paar Tagen legen. Nun können die Pflanzen (zuerst jene der Tiefwasserzone) vorsichtig im Grund verankert oder in ihren Körben an Ort und Stelle versenkt werden.

Oben: Dieser grüngefleckte Tümpel beeindruckt durch Gehölzhecken und Bubiköpfchen (*Soleirolia soleirolii*) am Ufer. Als Alternative bieten sich Waldbodenbewohner wie das Milzkraut (*Chrysosplenium oppositifolium*) an: Beide Pflanzen gedeihen gut unter schattigen, feuchten Bedingungen, wo kein Gras mehr wächst. Auf dem dunklen Wasserspiegel schwimmen die Blätter der Wasserähre (*Aponogeton distachyos*) und die winzigen Wasserlinsen (*Lemna minor*).

Links: Dieser Teich erstreckt sich über die gesamte Breite des kleinen Gartens, wobei ein Plankenweg aus Naturholz hinab auf festen Boden führt, der mit Koniferen und anderen Sträuchern bepflanzt ist. Dichter, heller Bambus kontrastiert mit dem darüberliegenden kupferfarbenen Blattwerk, während die hellen, frischen Nadeln der Koniferen sowie die goldgelben Schwertlilien und das gelbe Blattwerk der Sträucher vor dem Zaun einen lichten Fleck in der insgesamt grünen Komposition erzeugen.

Rechts: Ein Teich für heiße Klimazonen mit farbenprächtigem Blumenrohr, gelben Taglilien und rosa Seerosen. Darüber hinaus gedeihen hier Hechtkraut (*Pontederia cordata*) mit den blauen Blütenähren, Wasserhyazinthe (*Eichhornia crassipes*) mit glänzenden runden Blättern und den blasenförmig aufgetriebenen Blattstielen, Pfeilkraut (*Sagittaria sagittifolia*) sowie Wassersalat (*Pistia stratiotes*) mit blaugrünen gewellten Blättern. Die großen, schirmartigen Blätter der Lotosblume (*Nelumbo nucifera*) erscheinen vor den wunderschönen zartrosa Blüten, die jedoch nur in heißen Sommern ihre volle Pracht entfalten.

Oben: Eine französische Variante eines japanischen Gartens mit traditionellen Steinlaternen, Ahorn, *Gunnera*, Azaleen und Bergkiefer (*Pinus mugo*), die sich um den glänzenden Wasserspiegel eines flachen Teiches mit großen, dekorativen Bachkieseln gruppieren. Der verblichene, wie die Kiesel getönte Sichtschutz aus Bambusrohren sorgt für Ruhe und Abgeschiedenheit.

Oben: Um diesen freundlichen Teich wachsen Wiesenmargerite (*Leucanthemum vulgare*), Gauklerblume (*Mimulus luteus*), Lichtnelke (*Silene dioica*) und Schwanenblume (*Butomus umbellatus*), während oberhalb der Seerosen an der Rasenkante ein Büschel der Zebrasimse (*Scirpus lacustris* ssp. *tabernaemontani* 'Zebrinus') gedeiht. Eine niedrige Steinumrandung grenzt den Teichrand vom Rasen ab, und auf dem Wasser treibt neben der blaßgelben Seerose eine Wasseraloe (*Stratiotes aloides*).

Wiesenschaumkraut (*Cardamine pratensis*)

Wasserminze (*Mentha aquatica*)

Froschlöffel (*Alisma plantago-aquatica*)

Sumpfschwertlilie (*Iris pseudacorus*)

Sumpfdotterblume (*Caltha palustris* 'Multiplex', syn. 'Flore Pleno')

Links: Dieser mit Wild- und Gartenpflanzen geschmückte, naturnahe Teich kommt im Frühsommer am besten zur Geltung, wenn Fingerhut (*Digitalis purpurea*) und Lichtnelke (*Silene dioica*) zu blühen beginnen. Die Findlinge sind überwuchert von Farnen und Moos, während die leuchtende Wolfsmilch (*Euphorbia polychroma*) neben dem farbenfrohen Stiefmütterchen (*Viola tricolor*) ihre Pracht entfaltet. Und oberhalb der hübschen Akelei (*Aquilegia vulgaris*) mit ihren blauvioletten, schmetterlingsartigen Blüten befinden sich – zwischen wuchernder Wasserlinse – mehrere gelbe Sumpfschwertlilien (*Iris pseudacorus*).

Rechts: Am hinteren Ende des halbnatürlichen Teiches schließt sich ein Sumpfgebiet an, das durch die Anlage eines flachen zweiten Teiches entstand. Anschließend wurde dieser Teich mit Erdreich aufgefüllt, so daß der Sumpf nahtlos in den umliegenden Rasen mit Wildblumen übergeht. Bei fast allen hier gezeigten Pflanzen handelt es sich um spezielle Gartensorten (wie die gefleckten Funkien und Schwertlilien), die für eine ansprechende natürliche Wirkung mit Wildpflanzen gemischt wurden. Aber auch das hochwachsende, blühende Gras trägt zum hübsch verwilderten Gesamteindruck bei.

Ein Naturteich

Dieser lebensfrohe Naturteich befindet sich am Ende eines kleinen, schmalen, ländlichen Gartens, dessen Bodenniveau 5 m über dem des Hauses und etwa 50 cm über dem des angrenzenden Rasens liegt. Die Gartenbesitzerin, Fenella Maydew, nahm eine alte Stützmauer als Richthöhe für den Wasserspiegel und glich die flache Seite des Teiches durch eine Erhöhung der Erdschicht an. Der Teich besitzt ungefähr die Form eines Halbmondes und wurde mit einem dicken Schutzvlies ausgelegt (um die Butylfolie vor Steinen zu schützen) sowie mit verwitterten Kalksteinplatten umrandet.

Die ursprüngliche Uferbepflanzung bestand aus Frauenmantel (*Alchemilla mollis*), Flockenblume (*Centaurea nigra*) und Lichtnelke (*Silene dioica*), aber in der Zwischenzeit haben sich hier noch andere, sich selbst aussäende Einwanderer niedergelassen, wie etwa der schöne blaublühende Wiesenstorchschnabel (*Geranium pratense*). In einer solchen Umgebung fühlen sich auch kleine Frösche und Kröten zu Hause. Im Laufe der Zeit wurden außerdem Sumpfschwertlilien (*Iris pseudacorus*), anmutige rosa Schwanenblumen (*Butomus umbellatus*) und Sumpfdotterblumen (*Caltha palustris*) in ihren Töpfen in die flache Uferzone gestellt. An den sumpfigen Teichrändern wachsen verschiedene Minzearten (*Mentha aquatica* und *Mentha* x *gracilis,* syn. *M.* x *gentilis*) und Pfeilkraut (*Sagittaria sagittifolia*), während Wasserpest und Wasserlinse das Wasser mit Sauerstoff versorgen. Den Teichrand gestaltete Fenella Maydew zusätzlich mit Mädesüß (*Filipendula ulmaria*), Wiesenschaumkraut (*Cardamine pratensis*) und dem schwarzviolett blühenden Braunen Storchschnabel (*Geranium phaeum*).

Der Garten wird jedes Jahr im Spätsommer zurückgeschnitten, damit wuchernde Gewächse nicht überhand nehmen und die anderen Pflanzen mehr Licht erhalten. Mittlerweile ist der Teich schon zehn Jahre alt, und die Besitzerin ist außerordentlich stolz auf die wildwachsenden Blumen und die Tiere, die ihr natürlicher Teich in den Garten gelockt hat.

Oben: Der Blick über den Naturteich bis an die Grundstücksgrenze zeigt die charakteristische Veränderung des Bodenniveaus in diesem kleinen Garten. Die alte Stützmauer wurde saniert und bepflanzt, so daß eine ganz natürlich aussehende Begrenzung entstand. Von diesem Blickwinkel aus sind die Wasserminze (*Mentha aquatica*), die sich unterhalb des Wasserspiegels ausbreitet, und die dreizähligen Blätter des Fieberklees (*Menyanthes trifoliata*) inmitten der langen spitzen Blätter der Sumpfschwertlilie (*Iris pseudacorus*) zu erkennen.

Oben: Ansicht des Gartens mit dem Blattwerk des Holunders (*Sambucus nigra*) im Vordergrund. Der Blick schweift entlang der Schwarzerle (*Alnus glutinosa*) – einem typischen Uferbaum – über den Naturteich auf gepflegte Rasenflächen mit hübschen Birken und als Begrenzung dienenden Blumenbeeten. Das unterschiedliche Bodenniveau wurde geschickt genutzt, um den beiden ineinander übergehenden Gartenabschnitten optisch eine unterschiedliche Wirkung zu verleihen.

Rechts: Detailansicht des reizenden kleinen Teiches mit seinem natürlichen Pflanzenwuchs (hauptsächlich Wildpflanzen). Obwohl es sich bei der Prachtspiere (*Astilbe*) im Vordergrund um eine Kulturform handelt, paßt sie gut zu ihren wilden Nachbarn. Runde Büschel aus Frauenmantel (*Alchemilla mollis*) polstern das entfernter liegende Ufer, während die hohen Stiele der Sumpfdotterblume (*Caltha palustris*) sich an das Pfeilkraut (*Sagittaria sagittifolia*) anlehnen, dessen pfeilartige Blätter sich gerade erst entfalten. Dagegen haben sich Lichtnelke (*Silene dioica*), Kriechender Hahnenfuß (*Ranunculus repens*) und Kerbel (*Anthriscus sylvestris*) selbst ausgesät.

Wasserspeier und Wandbrunnen

Eine Mauer bietet nicht nur einen angemessenen Hintergrund für Becken und Fontänen, sondern löst auch das Problem der Montage. Auf diese Weise können Sie selbst an den ungünstigsten Stellen Ihres Gartens Wasser integrieren. Denn eine schlichte Schale oder ein Trog, ein erhöhter Teich, ein Kieselteich oder ein tiefliegendes Becken lassen sich leicht mit einem Wasserspeier kombinieren. Außerdem sorgt die Mauer für einen Blickfang, dessen einzelne Elemente immer wieder verändert werden können – indem Sie die Umgebung mit Kletterpflanzen beleben oder ein Rankgitter als Rahmen für ein *Trompe-l'œil*-Gemälde anbringen. Auch mit Topfpflanzen läßt sich eine interessante Wechselwirkung erzielen und der Gesamteindruck vollkommen verändern: Ersetzen Sie doch einmal einen Farn durch eine eher bizarr wirkende Keulenlilie.

Links: Das Wasser rieselt aus einem muschelförmigen Brunnen, der von zwei Putten bewacht wird. Die Muschel wiederum ruht auf einer aus der Mauer ragenden Steinplatte und springt so weit vor, daß das Wasser die Beckenbegrenzung erst gar nicht berührt, sondern statt dessen direkt in den darunterliegenden Teich tropft.

Oben: Ein perfekt gestalteter, kunstvoller Teich in einem Innenhof. Ein Mosaik ziert den marmornen Alkoven, und aus dem steinernen Medusenhaupt fließt Wasser in ein Steinbassin. Von hier aus ergießt sich das Wasser über eine Mosaikstufe in einen anmutig geformten Teich, den Terrakottafliesen und zu Mustern gelegte Platten umgeben, während Begonien, Palmen und Pelargonien in Kübeln dem Ganzen den letzten Schliff verleihen.

Da an der Wand montierte Wasserspeier sich am kleinsten Ort installieren lassen, bieten sie auch den Gartenbesitzern, die lediglich über einen winzigen Hinterhof, einen schmalen Durchgang oder einen engen Vorgarten verfügen, die Möglichkeit, das beruhigende Geräusch von fließendem Wasser zu genießen. Die Konstruktion dieser Wasseranlagen ist relativ einfach: Eine kleine Pumpe in einem Bassin schickt das Wasser über einen verborgenen Schlauch oder ein Rohr zu der Wasserdüse. Falls Sie nur wenig Platz haben oder ein Gartendesign mit erhöhtem Mittelpunkt möchten, kann die Wasserdüse in ungefähr 1 m Höhe an der Wand plaziert oder eine Schale bzw. ein Becken am Boden vor der Wand angebracht oder in den Boden eingelassen werden. Wozu Sie sich auch entschließen – Sie werden feststellen, daß jede Variante ein reichhaltiges Spektrum an Bepflanzungs- und Gestaltungsmöglichkeiten eröffnet.

Im Handel sind gute und recht preiswerte Wandbrunnen auch als Set erhältlich, wobei die kleinsten dieser Fertigkonstruktionen gerade einmal 30 x 30 cm messen. Sehr viel Freude bereitet aber auch der eigene Bau eines solchen Brunnens; Ideen und Materialien dazu finden Sie auf Flohmärkten und in Antiquitätengeschäften.

Besonders gut kommen Wasserspeier in einer Ecke oder als Blickpunkt inmitten einer größeren Mauer zur Geltung. Wenn die Mauer von der Rückseite aus für Sie nicht zugänglich ist, errichten Sie eine freistehende kleinere Mauer zum Anbringen der Fontäne oder eine künstliche Steinfassade, die dem Baumaterial des Hauses ähnelt. Am besten bauen Sie dazu ein Mäuerchen mit einem Hohlraum dahinter, in dem Sie die Leitungen und Kabel so unauffällig wie möglich verlegen können.

Bei einem kleinen Areal sollten Sie sich für eine schlichte Bepflanzung aus wirkungsvollen Kletter- und Schlingpflanzen entscheiden. Kleinblättrige Efeu-Sorten wie etwa *Hedera helix* 'Glacier' oder der pfeilblättrige Efeu *Hedera helix* 'Sagittifolia' lassen sich auf begrenztem Raum leicht unter Kontrolle halten und verlieren als immergrüne Pflanzen auch im Winter nicht ihre optische Wirkung. Sie vertragen sich ausgezeichnet mit einer kleinblütigen Waldrebe wie der frühblühenden *Clematis alpina* 'Columbine', der *Clematis viticella* 'Alba Luxurians', die im Spätsommer cremeweiße Blüten entfaltet, oder mit der zauberhaften, süß duftenden Kletterrose 'Little Rambler'.

Links: Dieser in die Mauer integrierte Wasserspeier in Form einer Putte benötigt kaum Platz. Da das Becken mit Kieseln gefüllt ist, mußte die Aufhängung verstärkt werden, um das zusätzliche Gewicht aufzufangen. Wenn Sie sich für einen solchen Brunnen entscheiden, sollte die Pumpe unbedingt leise arbeiten, weil sie sonst das Plätschern des Wassers übertönt.

Oben: Die raffinierte Wandfontäne zeigt anschaulich, was sich mit ein wenig Phantasie alles erreichen läßt. Da dieser Teil des Gartens im Schatten liegt, entschieden sich die Besitzer für eine Waldteichbepflanzung mit Nieswurz (*Helleborus lividus* ssp. *corsicus*), Sumpfdotterblume (*Caltha palustris*) und weißblühendem Waldmeister (*Galium odoratum*) sowie Prachtspiere und Waldrebe, die später im Jahr blühen werden. Im Wasserbecken selbst gedeiht eine *Heuchera*.

Wenn Sie um einen weit unten an der Wand angebrachten Wasserspeier Pflanzen gruppieren wollen, sollten Sie es einmal mit exotischen Gewächsen versuchen, die vom feuchten Mikroklima profitieren. Auch auffällig gefleckte Funkien, große Farne – wie der Straußfarn (*Matteuccia struthiopteris*) – und Blumenrohr in leuchtenden Farben setzen in einem kleinen Garten hübsche Akzente. Falls Sie jedoch eine eher ruhige Ecke einrichten möchten, pflanzen Sie eine kleinblättrige Funkie wie *Hosta* 'Invincible'. Auch Efeu bietet sich hierfür an, da er sich gut zum Kaschieren von Rohren und Leitungen eignet; und die neueren *Astilbe*-Hybriden mit ihren fedrigen Blüten (die weniger sumpfige Bodenverhältnisse als ihre größeren Verwandten benötigen) überzeugen durch ihren kompakten Wuchs.

Im Gartenzentrum oder beim Hersteller erhältliche Wandbrunnenanlagen sind an der Basis mit einem Vorratsbehälter (Reservoir) und einer versteckten Leitung ausgestattet, die das Wasser nach oben führt, von wo aus es dann nach unten plätschert. Grundsätzlich gibt es drei Methoden, wie man die Leitung verbergen kann: an der Rückseite, an der Vorderseite (hinter Pflanzen verdeckt) oder innen im Mauerwerk.

Eine kleine Pumpanlage im Reservoir hält das Wasser im Umlauf. Brunnen und Pumpe sind häufig als Komplettset erhältlich, aber man kann die Bauteile natürlich auch einzeln kaufen. Wenn Sie alles selbst zusammenstellen, benötigen Sie zusätzlich einen Schlauch oder eine Rohrleitung zur Verbindung mit dem Speier. Am besten kontrollieren Sie im Geschäft, ob die Anlage funktioniert, und vergewissern sich, daß die Pumpe nicht zu laut ist. Gerade bei einem kleinen Brunnen kann das Pumpengeräusch die Freude ziemlich beeinträchtigen, insbesondere dann, wenn die Pumpe gar das Plätschern des Wassers übertönt.

Natürlich bedarf es auch einer fachgerechten Stromversorgung mit den vorgeschriebenen Sicherheitseinrichtungen wie den Trennschaltern (siehe Seite 88).

Wenn ein Transformator zur Pumpe gehört, lassen Sie diesen im Haus, in der Garage oder einem Schuppen installieren, wo er wettergeschützt ist. Das Verbindungskabel kann in einem Schutzrohr unterirdisch oder im Mauerwerk verborgen verlegt werden.

Bei dem auf dieser Seite gezeichneten Löwenkopfbrunnen verlaufen die Rohrleitungen der Tauchpumpe zuerst unter Wasser und steigen dann, unter Pflanzen verborgen, zu dem wandmontierten Speier hinauf. Das Stromkabel wurde in der seitlichen Ziegelsteinmauer verlegt.

Dagegen verläuft bei dem fotografierten Beispiel das Zulaufrohr hinter der Wand und kommt durch die Wandmaske wieder zum

Vorschein. Das Wasser ergießt sich in ein Bassin und kehrt durch ein Überlaufrohr in den unterirdischen Tank zurück.

Der Wasserstrom wird mit Hilfe eines einfachen Regelventils hinter der Pumpe geregelt, wobei Pumpe und Ventil durch eine lose verlegte Steinplatte problemlos zu erreichen sind.

Oben: Die Löwenmaske wurde auf eine dekorative Gußplatte gesetzt, die wiederum an einer falschen Wand befestigt ist. Dahinter verläuft das Rohr, welches das Wasser vom Becken zum Speier befördert. Wenn genügend Platz vorhanden ist, lassen sich die Leitungen auf diese Weise geschickt verbergen. Üppig gewachsene Funkien, unter deren Blattwerk die Blumenkübel völlig verschwinden, stehen kurz vor dem Erblühen, während der Brunnen von der Rose 'New Dawn', purpurvioletter *Clematis* 'Jackmanii' und Geißblatt umrahmt wird.

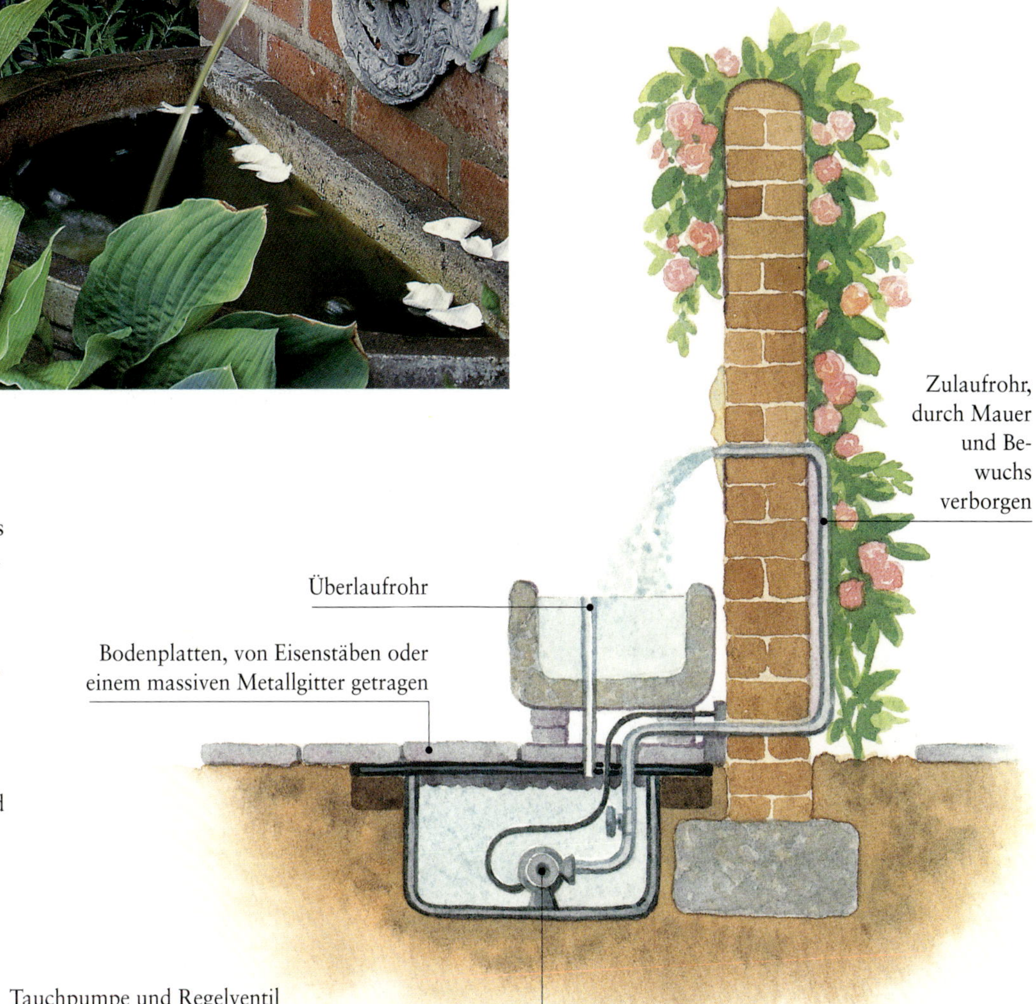

Oben: Dieses klassisch anmutende Arrangement von Wasserspeiern erzielt seine Wirkung durch einfache Wiederholung. Das Wasser aus den drei Kübeln wird in einem darunterliegenden Tank aufgefangen und in ein Rohr mit dreifacher Verzweigung gepumpt. Die seitlich plazierten, großen Töpfe mit dem Bambus nehmen die Form der Kübel noch einmal auf.

Rechts: Dieser künstliche Steintrog – eine Replik jener Tröge, die man in Mittelmeerdörfern findet – erhält durch seinen ungewöhnlichen Wasserspeier zusätzliches Flair. Die ansprechende Steinimitation entstand aus einem alten Waschbecken, das mit einem schnellhärtenden Haftgrund vorbehandelt und dann grob verputzt wurde. Der Putz setzt sich aus zwei Teilen Torf, einem Teil Bausand und einem Teil Zement zusammen; er verwittert sehr schnell und ist rasch mit Algen und Flechten überzogen.

Oben und rechts: Unterschiedliche Farben und Strukturen – eine weißgetünchte Mauer, schimmernde Kacheln in komplementären Tönen, Ziegelstein, Zement und Kopfsteinpflaster – tragen zu der Gesamtwirkung dieser sonnendurchglühten Ecke in einem Innenhof bei. Bei den Pflanzen handelt es sich um ausgesprochene Sonnenanbeter: Palmen, Oleander (*Nerium oleander*) und Lilien. Und der Wind, der der Maske das Haar aus dem Gesicht weht, bläst auch den Wasserstrahl zur Seite.

Links: Dieses Löwenhaupt in einer Natursteinmauer speit Wasser in einen schmalen Kanal mit Riedgräsern, während der in leuchtenden Farben gestaltete Innenhof aus roten, hartgebrannten Ziegelsteinen einen optischen Kontrast erzeugt und Platz für einen Terrakottatopf mit Veilchen bietet.

Oben: Ein faszinierender und ungewöhnlicher Wassergarten, der von einer skulpturierten Kupferwand mit tröpfelnden, birnenförmigen Gefäßen beherrscht wird, in denen kleine Grünpflanzen schwimmen. Das Wasser fällt in einen einfachen, geraden Kanal, der die gesamte Breite des kleinen Gartens einnimmt. Die als Trittstein dienende Platte paßt optisch zur Pflasterung.

Oben: Dieses kleine Krokodil stellt einen ausgesprochen reizvollen Wasserspeier dar. Pflanzen mit lederartigen, glänzenden Blättern wie Bergenie und Lorbeer besitzen eine reflektierende Oberfläche, die den Glanz der nassen Bachkiesel widerspiegelt. Darüber hinaus bilden sie einen gelungenen Kontrast zu den hängenden Blüten der Fuchsie und den kletternden Efeuranken.

Der Mosaikbrunnen

Der Blick durch die Glastüren des Hauses in den kleinen Garten fällt auf eine Vision von kühler Heiterkeit unter gleißender Sonne: den Mosaikbrunnen an der gegenüberliegenden Wand. Der australische Besitzer verwandelte einen engen, begrenzten Hof hinter seinem Häuschen aus der Zeit der Jahrhundertwende in ein kleines Paradies, indem er den Schatten einer alten Kasuarine mit einer Fontäne aus blaßglänzenden, reflektierenden Kacheln und sanftem Wasserplätschern bereicherte.

Aus der Nähe erkennt man, wie wichtig die Qualität des verwendeten Materials ist. Daher mußte ein häßlicher, rostiger, ehemals grüner Eisenzaun grau verputzten Wänden weichen – auf diese Weise entstand der Eindruck von Weite. Ein hoher, jasminumschlungener Bogen wiederholt das Volutenmuster des Pfades und die Silhouette der Fontäne, die aus Bruchstücken italienischer Kacheln gestaltet wurde und im übrigen ein außergewöhnlich gelungenes Erstlingswerk darstellt.

Mit einem schmiedeeisernen Tisch und passenden Stühlen läßt sich die Kühle des Schattens je nach Tageszeit – entweder auf der kleinen Terrasse oder im Bereich des mittleren Beets – schnell und problemlos nutzen. Die kräftigen Farben von Mohn, Fleißigem Lieschen, Schwertlilien und Schlangenbart ringsum beleben und mildern die ruhige, formale Szenerie, während der gesamte Garten vom Duft des Jasmins und der niedrigen, an die Terrasse grenzenden *Murraya*-Hecke erfüllt ist.

Oben: Das Wasser aus der Maske an der Wand fällt zuerst in ein muschelförmiges Becken und ergießt sich dann in das untere Bassin, das mit dunkelgrünem Schlangenbart (*Ophiopogon*) umwachsen ist. Von hier aus wird das Wasser über eine hinter dem Mosaik versteckte Leitung wieder zu der Maske hinaufgepumpt.

Oben: Von den Glastüren aus werden Auge und Ohr des Besuchers über den Mosaikpfad inmitten von Blumen und Blättern direkt zum Brunnen an der gegenüberliegenden Wand gelockt, während ausgewählte Blatt- und Blütenpflanzen mit unterschiedlicher Wirkung entscheidend zu der verschwenderischen floralen Szenerie beitragen.

Oben: Blick vom Brunnen auf das Haus. Schattenwurf und gut durchdachte Konturen schaffen eine komplexe Mustervielfalt, die den kleinen Garten mit einer geheimnisvollen Aura umgibt.

Kanäle, Bäche und Kaskaden

Stille Gewässer, die sich früher ebenso großer Beliebtheit erfreuten wie lebhafte Fontänen, sind wieder in Mode. All jene ruhigen, formalen Wassergräben, die wir von alten Schlössern und englischen Landhäusern kennen, sowie die Bachläufe und Kanäle maurischer und spanischer Gärten, finden sich im Kleinformat in unseren Privatgärten wieder. Faszinierende Entwürfe für winzige architektonische Kanäle, schmale Wasserläufe und andere symmetrische Wasseranlagen sollen einen Garten größer und einladender erscheinen lassen, wobei eine einzelne oder mehrere Wasserstufen zwar für Bewegung sorgen, den Gesamteindruck geordneter Ruhe jedoch nicht stören. Dabei kommt dem Wasser die Aufgabe zu, das Design des Gartens zu einem harmonischen Ganzen zu verbinden.

Links: Dieser reizvolle Entwurf für eine kleine Gartenecke sieht einen doppelten Teich mit einem Wasserfall sowie einen kleinen Bach mit einem beträchtlichen Gefälle von mehr als 30 cm Höhe vor. Das purpurfarbene Blattwerk und die rosa Blüten der Gartenbepflanzung harmonieren mit den Ziegelsteinen des Teichrandes.

Oben: Die Schönheit eines stillen Wasserlaufs zeigt sich in diesem schmalen Kanal entlang eines eleganten, graugestrichenen Bogenganges, den Glyzinen und Kletterrosen umranken. Die Rosen und der samtblättrige Frauenmantel (*Alchemilla mollis*) mit seinen hellen gelbgrünen Blüten spiegeln sich im dunklen Wasser, das nur durch das Büschel der Sibirischen Schwertlilie (*Iris sibirica*) am hinteren Ende eine Unterbrechung erfährt.

Ruhiges Wasser in Form eines Kanals oder einer Rinne kann denselben Effekt hervorrufen wie ein *Trompe-l'œil* – Gemälde (raumvergrößerndes Täuschbild) an einer Mauer in einem kleinen Garten. Da die Qualität des Materials für den Wasserlauf von ebenso großer Bedeutung ist wie das Design, bietet ein kleiner Garten einen eindeutigen Vorteil: Selbst wenn Sie sich für ein teures Material wie York-Kalkstein oder Marmor entscheiden, benötigen Sie davon auf jeden Fall weniger als für eine große Gartenanlage. Stein, Ziegelstein, Holz und Bachkiesel oder eine Kombination all dieser Baustoffe lassen sich zu bezaubernden Arrangements gestalten, die Wasser und Materialien auf begrenztem Raum besonders vorteilhaft zur Geltung bringen.

Ein Kanal, der sich über die gesamte Breite des Areals erstreckt, läßt einen engen Garten weiträumiger erscheinen. Falls der Kanal neben einem Durchgang oder entlang einer Blumenrabatte verläuft, bringt er Spiegeleffekte in die Gestaltung, wohingegen die Anlage eines Wasserfalls oder eines sanft fließenden Baches eher für Bewegung sorgt. Allerdings kann ein Wasserfall auch so konstruiert werden, daß seine kleinen Wasserturbulenzen auf einen Teil des Kanals beschränkt sind. Auf diese Weise ist gewährleistet, daß Pflanzen wie die Seerosen, die ruhiges Wasser benötigen, in einem angrenzenden Teil des Wasserlaufs gedeihen.

Aber auch ein kleiner Kanal mitten durch einen gepflegten Rasen sieht einfach atemberaubend aus – vor allem, wenn er als Blickfang eine Statue, eine Laube oder einen Bogen aufweist. Zwei oder auch mehrere kleine, viereckige Teiche auf unterschiedlichem Niveau können durch einen solchen Bach miteinander verbunden werden, während man auf einer ebenen Fläche, beispielsweise einer Wiese, durch eine Reihe von Teichen unterschiedlicher Formen und Größen mehr Vielfalt erzielt. Bachläufe – aus Ziegelstein oder Stein – kommen am besten zur Geltung, wenn sie eine Pergola oder Terrasse mit einem anderen Teil des Gartens verbinden und darüber hinaus an jedem Ende in einen runden oder achteckigen Teich münden. Ein solches Design verleiht einem gepflasterten oder mit Ziegelsteinen ausgelegten Hof, der als Aufenthaltsort im Freien dient, eine leichte, heitere Atmosphäre, wobei zusätzliche Blattpflanzen die Farben der Blumen leuchten lassen. Versuchen Sie es doch einmal mit purpurblättrigen Pflanzen wie *Heuchera micrantha* 'Palace Purple', violettem Salbei (*Salvia officinalis* 'Purpurascens') und bodendeckendem Günsel (*Ajuga reptans* 'Atropurpurea') mit dunklem schimmernden Blattwerk, oder verwenden Sie eine scharlachrote, spätblühende Dahlie (*Dahlia* 'Bishop of Llandaff'). Weiße oder zartrosa Rosen- und *Clematis*-Sorten passen hervorragend zu zartgelben oder elfenbeinfarbenen Sträuchern wie *Pittosporum* 'Garnettii' bzw. *Pittosporum tenuifolium* 'Silver Queen' oder zu dem eleganten, weißgestreiften Rohrglanzgras (*Phalaris arundinacea* 'Feesey') und der exquisiten, niedrigwachsenden Taubnessel (*Lamium maculatum* 'White Nancy') mit ihren zart gezeichneten Blättern.

Achten Sie bei der Gestaltung auf Vielfalt: Die Pflanzen können sowohl im Teich als auch zwischen der Pflasterung wachsen als auch in kleinen Beeten, welche die Formen des Gesamtdesigns noch einmal aufnehmen. Von Zeit zu Zeit sollten Sie unbedingt neue Pflanzen hinzufügen bzw. verblühte durch andere ersetzen und ansprechende einjährige oder winterharte Gewächse anpflanzen, um im Sommer die Farbenpracht zu intensivieren. Auch die Anordnung der Kübel richtet sich nach derjenigen Pflanze, die gerade blüht: Die schönsten Gewächse gehören in den Vordergrund. Im Herbst und Winter können Sie die kühle Klarheit des ursprünglichen Designs wiederherstellen.

Oben: Die Ziegelstein-Inneneinfassung dieses runden Teiches bildet einen warmen Kontrast zum steinernen Rand und nimmt die Farbe des thymianbepflanzten Terrakottatopfes und des im Fischgrätmuster gepflasterten Weges dahinter auf. Der in den Teich mündende, ruhige Kanal ist bis zum Rand überwuchert mit blühenden Pflanzen, darunter Trollblumen (*Trollius europaeus*) und Schwertlilien.

Links: Ein warmer karminroter Teppich aus Primeln erhebt sich aus dem Grün, das sich aus den Blättern der Primeln sowie aus Farnen, Gräsern und Moosen zusammensetzt. Diese aus China stammende Primel (*Primula pulverulenta*) wächst dort an feuchten Orten und in der Nähe von Flüssen. Das Wasser strömt über einen steinernen Sims, der weit über die stützende Stufe hinausragt, so daß ein klares, helles Plätschern entsteht.

Oben: Ein raffiniertes Design, bei dem die Wandfontäne durch einen Kreisbogen in einen Teich plätschert, der außerdem von einem kleinen, mit bläulichen, hartgebrannten Ziegelsteinen eingefaßten Kanal Zulauf erhält. Der Kanal wiederum beschreibt einen Kreis um den Baum und die hölzernen Gartenstühle in der Mitte. Dieser streng durchkomponierte Garten wirkt in erster Linie durch das Blattwerk, die grauweißen Steinplatten und das Rot der Ziegel- und Terrakotta-Steine.

Es gibt verschiedene Methoden für die Konstruktion von untereinander verbundenen Kanälen, Bachläufen und Wasserfällen, und wie so oft bei kleinen Gärten sollten Sie sich auch hier die Einfachheit zur Regel machen: Ein halbformaler Entwurf paßt sich leichter in ein kleines Areal ein, und eine klare und formschöne, aber schlichte Bepflanzung läßt den Garten größer erscheinen.

Wenn Sie Ziegelsteine, Fliesen oder Steinpflaster verwenden wollen, empfiehlt es sich, die ausgehobene Grube mit einer absolut dichten Teichfolie auszulegen, bevor die Steine oder das Pflaster an Ort und Stelle einzementiert werden (dabei Zusätze für Wasserbeständigkeit nicht vergessen!). Ein formaler oder seitlich bepflanzter Wasserlauf sollte ein U-förmiges Profil aufweisen, während ein schlichter Bachlauf, der durch Gras führt, besser V-förmig gestaltet wird. Falls Sie mit Hilfe von Natursteinen einen natürlich anmutenden Effekt erzielen wollen, achten Sie darauf, daß deren Maserung (Schichtungslinien) horizontal verläuft und sich die Steine leicht nach hinten neigen. Ein sehr kleiner Teich mit Bachlauf läßt sich vollständig aus Zement anfertigen; allerdings sollte die Zementmischung dazu mindestens 4 cm dick sein.

Mehrere Teiche können durch stille, schmale Kanäle oder geneigte Bachläufe miteinander verbunden werden. Auf diese Weise lassen sich bestehende Höhenunterschiede eines Gartens dazu nutzen, den Eindruck von natürlich plätscherndem Wasser zu erzeugen. Wenn Sie mehrere, miteinander verbundene Teiche planen, achten Sie darauf, daß der obere Teich kleiner ist als der untere (in dem die Pumpe montiert wird). Andernfalls läuft der untere Teich leer, bevor der obere sein Wasser in den Kanal ergießt. Ein natürlich anmutender Bachlauf sollte ein nur leicht geneigtes Bett besitzen, das aber so ausreichend bemessen ist, daß es einen zusätzlichen kräftigen Regenguß verkraften kann.

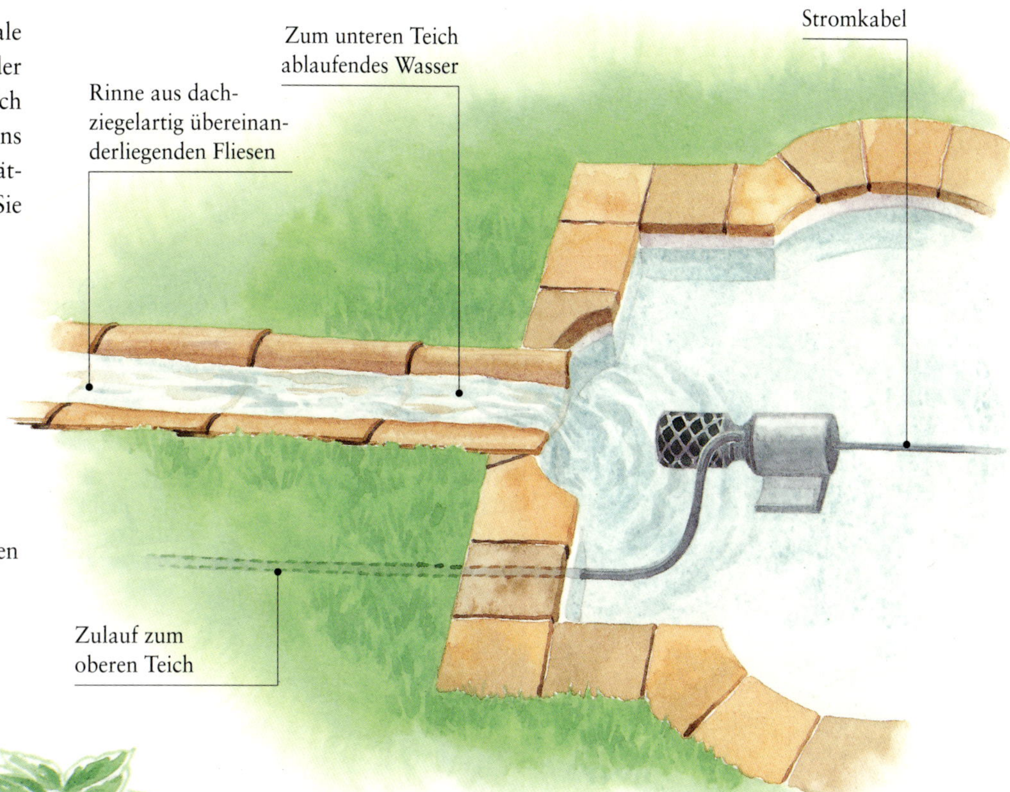

Für einen stufenweisen Wasserfall werden Zementblöcke als einzelne Stufen angeordnet und mit Teichfolie überdeckt. An den Seitenrändern zieht man die Folie über einen leicht erhöhten Uferrand und verdeckt sie mit Steinen und Pflanzen. Die Pumpe wird am Fuß der Kaskade angebracht, während der Wasseraustritt am höchsten Punkt geschickt verborgen sein sollte. Je nachdem, wie weit die Platten an den einzelnen Stufen überstehen, erhält man einen dramatischen Wildwasserkatarakt oder einen sanft gewellten Wasserlauf. Experimentieren Sie soviel wie möglich, und legen Sie nichts endgültig fest, bevor Sie nicht völlig zufrieden sind.

Rechts: Eine Frühlingsvision aus Narzissen und Wolfsmilch in einer ungewöhnlichen Komposition mit Wasser, das durch eine hölzerne Rinne neben dem Blumenkasten fließt. Das Ende der Rinne ragt über den Kasten hinaus, so daß der Wasserstrahl vom Wind erfaßt werden kann. Anschließend wird das Wasser durch ein Plastikrohr, das unter und hinter dem Blumenkasten verläuft, wieder in die Rinne gepumpt. Bei dieser schönen, frühblühenden Wolfsmilch handelt es sich um *Euphorbia amygdaloides* var. *robbiae*.

Oben: Schlichtheit bestimmt diese Gartenecke von vornehmer Schönheit: Wasserkaskaden ergießen sich über Steinstufen inmitten von Farnen und einem Vorhang aus glänzenden Brombeerranken von *Rubus tricolor*. In diesem warmen, geschützten Garten gedeihen australische Baumfarne (*Dicksonia*); in kühleren Gegenden läßt sich mit Arten wie Frauenfarn und Wurmfarn eine ähnlich elegante Wirkung erzielen.

Rechts: Ein speziell für diesen Garten entworfener, viereckiger Teich mit einer Umrandung aus Holzplanken. Ein kleines Bächlein in einer U-förmigen Betonrinne fließt hinab zum Teich, in dem sich die umliegenden, zartgetönten Pflanzen spiegeln: Berufkraut (*Erigeron karvinskianus*), Akanthus (*Acanthus spinosus*), weißblühendes Fingerkraut (*Potentilla fruticosa* 'Abbotswood'), verschiedene Ehrenpreisarten (*Veronica*) und Storchschnabel (*Geranium wallichianum* 'Buxton's Variety').

Links: Ein klares Design, das die Strukturen der Pflasterung bei der Gestaltung einbezieht. Ein weißer Marmorrand umgibt den oberen rechtwinkligen Teich, aus dem das Wasser durch einen kleinen Kanal zwischen Fliesen und Ziegelsteinen hindurch in ein flaches quadratisches Wasserbecken fließt. Die strenge Anordnung wird durch Rosen, Schwertlilien und Frauenmantel (*Alchemilla mollis*) in den Beeten am Rand der Pflasterung und durch geschmackvolle Kübel mit blaublühenden Schmucklilien gemildert.

Oben: Ein integrales Design aus asymmetrischen stillen Teichen mit einer breiten Stufe, über die das Wasser in den ersten L-förmigen Kanal rieselt. Das hochgepumpte Wasser kommt unmittelbar unter dem obersten Beet wieder hervor. Bei den Pflanzen in den Teichen hat man sich auf die Wasserhyazinthe (*Eichhornia crassipes*) mit ihren glänzenden Blättern beschränkt, die sehr hübsch mit der Buchsbaumhecke harmonieren wird, sobald diese erst einmal eingewachsen ist.

Links: Dieser lange Steintrog bildet ein angemessenes Bachbett für das Wasser, in dessen Oberfläche sich das Blattwerk, der Himmel und das helle Sonnenlicht spiegeln. Gleichzeitig dient der breite Rand dieses erhöhten Kanals als Sitzgelegenheit. Das einheitliche Grün von Sträuchern, Bäumen und Farnen wird unterbrochen durch einen girlandenverzierten Terrakottakübel mit hellen Fleißigen Lieschen (*Impatiens walleriana*).

Terrakottakanal mit Teich

In diesem kleinen, von Mauern umgebenen Garten fließt ein Bach sehr langsam durch einen kunstvoll angelegten Terrakottakanal in einen ruhigen Teich. Die Strömung des seichten Wassers über dem gefliesten Untergrund ruft lebhafte Strudel und Muster hervor, und das kontrastierende Geräusch der vier sanften Stromschnellen, von denen jede einzelne ganz unterschiedlich konstruiert wurde, ist selbst von der gegenüberliegenden Terrasse aus zu hören.

Die Kacheln stammen aus dem Gewölbe einer inzwischen abgerissenen Brauerei des 19. Jahrhunderts und passen hervorragend zu den Steinen, roten Ziegeln und Fliesen des angrenzenden Schuppens und der Gartenmauern. Da der Besitzer der Meinung ist, daß hochwertige Materialien, die mit der Umgebung harmonieren, sich ganz von selbst zu einem ansprechenden Ganzen zusammenfügen, gab es vorher keinen festen Entwurf. Und als man die Terrakottakacheln auslud, zeigte sich tatsächlich, daß schon nach wenigen Handgriffen die schmale L-Form mit der dekorativen Sprudelquelle wie von selbst Gestalt annahm.

Oben: Die Pumpe befindet sich auf der untersten Ebene und sorgt für einen maßvollen Wasserstrahl von kaum 5 cm Höhe. Das Wasser entspringt aus einer verzierten, durchbohrten Kachel und plätschert über den doppelten Wasserfall in den leicht abschüssigen Kanal.

Links: Diverse Funkien, Farne, Schwertlilien und Ligularien entlang des Kanals erzeugen einen interessanten Gesamteindruck, der hauptsächlich durch die reizvoll kontrastierenden Formen und Strukturen ihrer Blätter hervorgerufen wird.

Oben: Der angrenzende Schuppen verdunkelt das schmale Bachbett, aber der Schatten, den sowohl die Mauer als auch die (schattenunverträglichen) Pflanzen werfen, läßt tanzende Muster auf der Wasseroberfläche entstehen. Die Pumpe ist direkt hinter der Mündung des Baches im Teich installiert und wurde rasch von Algen verdeckt. Da sie völlig leise und außerordentlich zuverlässig arbeitet, muß lediglich hin und wieder der Filter gereinigt werden. Die Wasserrücklaufleitung verläuft unter dem schmalen Streifen zwischen Bach und Mauer.

Links: Ein solches Gartenelement läßt sich über die Bepflanzung problemlos verändern, etwa wenn die Pflanzen zu groß geworden sind oder sich Ihre Beziehung zu Ihrem Garten gewandelt hat. Die Sträucher an der Westseite des Teiches wuchern bereits etwas über den Wasserrand, und auch die Randbepflanzung ist heute doppelt so breit wie ursprünglich.

Pflege und Instandhaltung

Ein gut geplanter Teich oder naturnaher Tümpel, ein Springbrunnen oder Miniatur-Wasserfall benötigen nur ein geringes Maß an Pflege. Dagegen sollte sich in einem echten Naturteich ein dynamisches Gleichgewicht entwickeln, in dem Pflanzen der Sumpfzone und Wasserpflanzen, Insekten, Kleinlebewesen und Amphibien miteinander ein ausgewogenes, fast eigenständiges Ökosystem bilden. Wenn Sie eine Pumpe installiert haben, muß der Filter regelmäßig gesäubert werden. Zum Herbst hin sollten Sie alle übermäßig wuchernden Pflanzen zurückschneiden, alle Einjährigen herausnehmen und die nicht winterharten Gewächse an einen frostfreien Platz bringen. Im allgemeinen gilt für Wasser der gleiche Grundsatz wie für alle anderen Elemente Ihres Gartens: Sie sollten sich in erster Linie daran erfreuen. Und wenn Sie Ihren Garten regelmäßig nutzen, werden Sie ein Problem bereits an den ersten Anzeichen erkennen und gleich beheben können, bevor es Ihnen über den Kopf wächst.

Links: Dieser Teich besitzt eine bezaubernde Blumen- und Blätterwildnis: Die rosa Seerose 'James Brydon', durchsetzt mit den gelben Blüten der Gauklerblume (*Mimulus luteus*) und grüngelbem Frauenmantel (*Alchemilla mollis*).

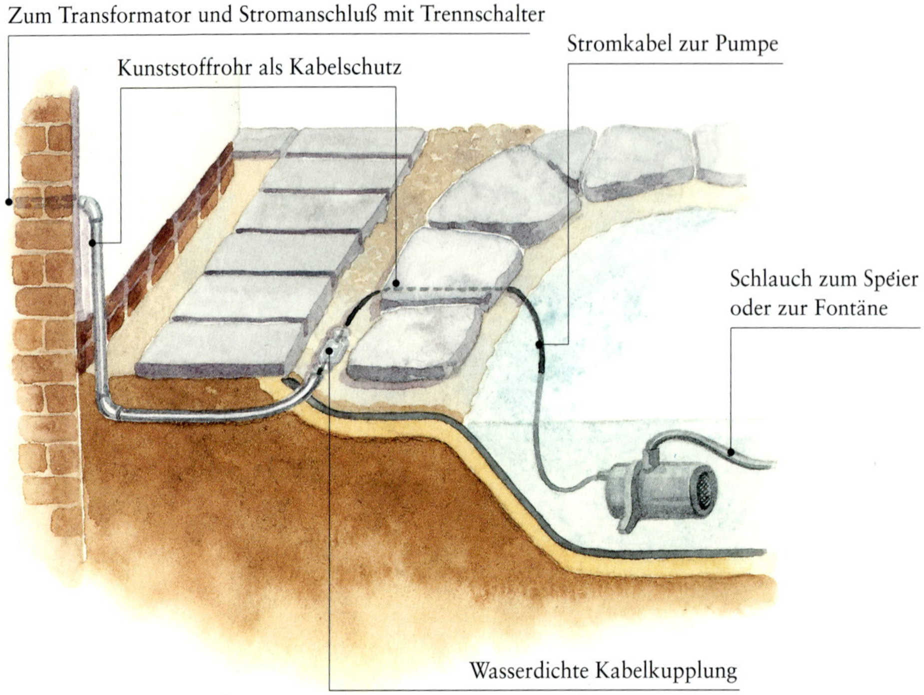

Das Befüllen des Teiches

Wenn Sie einen kleinen Teich oder ein formales Kanalsystem geplant, das Erdreich ausgehoben und die Wasseranlage eingerichtet haben, steht Ihnen der erste aufregende Schritt bevor: das Einfüllen des Wassers. Bei einem sehr kleinen Teich geben Sie am besten einige Eimer Leitungswasser in das Becken und lassen es über Nacht oder zumindest für ein paar Stunden stehen, damit eventuell vorhandenes Chlor entweichen kann.

Wenn Sie schließlich das Wasser in den Teich einfüllen, sollten Sie der Versuchung widerstehen, diesen Vorgang zu rasch voranzutreiben – lassen Sie das Wasser möglichst langsam einlaufen. Einen besonders sanften Wasserstrahl erzeugen Sie, indem Sie das Wasser über eine Steinplatte rieseln lassen. Bei größeren Teichen empfiehlt sich ein Gartenschlauch, aus dem das Wasser nur so langsam ausfließen sollte, damit Sie Ihren sorgsam ausgelegten Kies, die Kieselstein-Umrandung, den Kompost oder das Erdreich am Teichboden nicht zerstören.

Wenn Sie fertig sind und Ihr Teich bis zum Rand gefüllt ist, wird das Wasser erst einmal trübe aussehen. Keine Sorge – es dürfte sich über Nacht wie durch Zauberhand klären. Am besten lassen Sie es noch einen weiteren Tag oder länger ruhen und setzen erst dann die Pflanzen der Sumpfzone, Wasserpflanzen und Teichgräser ein.

Pumpen und Filter

Verschiedene Pumpenhersteller bieten Tabellen an, die Ihnen bei der Auswahl einer Pumpe mit der richtigen Größe und Leistung behilflich sind. Lassen Sie sich aber auf keinen Fall zur Anschaffung einer zu starken Pumpe verführen: Sie wird weniger lange halten als ein Modell mit der genau richtigen Dimensionierung. Einfache, preiswerte Tauchpumpen bringen häufig genügend Leistung für den Einsatz in den meisten Wassergärten. Da sie jedoch beträchtlichen Lärm entwickeln können, sollten Sie versuchen, die Pumpe vor dem Kauf im Gartenzentrum in Aktion zu begutachten – schließlich möchten Sie am Ende das Geräusch von plätscherndem Wasser und nicht von Elektromotoren genießen. Falls Sie bereits Besitzer einer recht lauten Pumpe sind, sollten Sie überlegen, ob Sie diese nicht in ein separates Reservoir verbannen wollen. Für einen Naturteich ist dies allemal die bessere Lösung.

Zur Installation einer Pumpe benötigt man eigentlich nur einen Schlauch oder eine Rohrleitung, die zu einem Speier, dem oberen Becken einer Kaskade oder einer Fontänendüse verlegt wird. Wenn Sie Wasser von einem Teil des Systems zu einem anderen transportieren müssen, verwenden Sie am besten den größtmöglichen Rohrdurchmesser (ideal sind 2,5 cm). Bei einem gewöhnlichen Gartenschlauch, der im allgemeinen etwas mehr als 1 cm im Querschnitt mißt, riskieren Sie – außer bei sehr kurzen Einschaltzeiten – eine extreme Belastung und den entsprechenden Verschleiß der Pumpe.

Selbst wenn Sie im Umgang mit elektrischem Strom Erfahrung besitzen, sollten Sie die Verkabelung der Anlage einer qualifizierten Fachkraft überlassen. Die immer noch sicherste Art der Installation ist ein Transformator in der Nähe der Steckdose und eine in einem Schutzrohr verlegte Niedervoltleitung zur unterirdisch montierten Pumpe. Diese funktioniert weitgehend störungsfrei, wenn sie auf einem Ziegelstein oder etwas ähnlichem steht und somit verhindert wird, daß Steinchen und Schlamm vom Teichgrund den Filter verstopfen.

Neben dem Betreiben einer Fontäne oder eines Wasserfalls besitzt die Pumpe zusätzlich den weniger offensichtlichen Effekt, daß das Wasser zirkuliert und mit Sauerstoff angereichert wird. Dies steigert das Wachstum der Wasserpflanzen und das Wohlbefinden der Tiere, und die Probleme eines Stillstandes werden vermieden. Allerdings benötigen manche Pflanzen möglichst ruhiges Wasser. In diesem Fall muß die Wasserbewegung minimiert und die Pflanze so weit wie möglich von der Stelle entfernt werden, an der das Wasser in Bewegung ist. Ein kleiner Wasserspeier oder Luftblasenbelüfter stellt in den meisten Fällen – auch in sehr kleinen Tümpeln oder Bassins – kein Problem dar.

In der Regel verbraucht eine Pumpe sehr wenig Strom (ein paar Pfennige pro Tag) und verlangt kaum Pflege und Wartung – vorausgesetzt, sie ist korrekt installiert. Sollte sie oft ausfallen oder der Filter ständig verschmutzen, müßten Sie eine andere Anordung versuchen: Die Pumpe kann zum Beispiel in einem Eimer mit klarem Wasser unmittelbar neben dem Teich untergebracht werden. Dann legen Sie einfach einen Schlauch von der Pumpe zum Teich und versehen dieses Verbindungsrohr mit einem Vorfilter aus feinem, leicht zu reinigendem Maschendraht. Die normale Pumpenwartung sollte nicht mehr Aufwand bedeuten als das Abnehmen und Säubern des Filters.

Schnitt und Pflege der Pflanzen

Da im Herbst die Pflanzen der feuchten Randzone abzusterben beginnen, empfiehlt es sich, alle abgestorbenen und absterbenden Blätter zu entfernen, bevor sie verrotten und den Teich belasten. Nicht winterharte Pflanzen wie Lobelien, Wasserkastanien, Algenfarn, Papageienfeder und Wasserhyazinthen sollten den Winter über aus dem Teich genommen und in einem frostfreien Gewächshaus, einem Aquarium oder großem Eimer aufbewahrt werden. Zur gleichen Zeit können Sie übermäßig wuchernde Wasserpest entfernen und kompostieren. Dagegen dürften winterharte Pflanzen, die im Teichgrund wurzeln oder in Pflanzkörben stehen, in tieferen Teichen (etwa 80 bis 100 cm) durchaus den Winter überstehen.

Wenn Sie Ihren Teich neu mit Seerosen bepflanzen, sollten Sie den Gewächsen bei der Akklimatisierung helfen, indem Sie die Pflanzkörbe etwas erhöht auf einen kleinen Stapel Ziegelsteine am Teichboden stellen. So können die jungen Blätter sehr schnell die Wasseroberfläche erreichen. Während die Seerose weiterwächst, wird sie nach und nach niedriger gestellt, bis sie schließlich am Teichboden steht.

Reinhaltung des Wassers

Bei strahlendem Sonnenwetter wird ein Teich durch Algenwuchs sehr schnell trübe. Dazu kommt es in der Regel, wenn sich das Wasser aufwärmt, aber die Wasserpflanzen und die sauerstoffspendenden Pflanzen noch nicht nachwachsen konnten.

Ein alltäglicher Anblick sind die weitverbreiteten Fadenalgen, deren Aussehen an langes grünes Haar erinnert. Zum Glück lassen sie sich in einem kleinen Teich wie Zuckerwatte um eine Grabgabel winden und auf den Komposthaufen tragen. Häufig löst sich das Problem jedoch von selbst, wenn in den frühen Sommermonaten die eingesetzten Pflanzen zu wachsen beginnen. Wenn Ihre Wasserpflanzen noch nicht genügend entwickelt sind, werden Sie weiterhin Probleme mit Algen haben. Überlegen Sie, ob Sie Wasserlinsen, Algenfarn oder weitere Seerosen einsetzen, um die Teichoberfläche zu beschatten. Eine andere Lösung besteht darin, ein paar Handvoll Stroh mit einer Schnur zu Bündeln zusammenzubinden und im Teich zu versenken. Wenn Sie es so beschweren, daß es am Boden des Teiches liegenbleibt, bekämpft das verrottende Stroh wirksam die Algen. Sauerstoffproduzierende Pflanzen sollten als einzelne Sprosse in den Teich gesetzt werden. Man beschwert sie am besten mit kleinen Steinen oder Angelgewichten und pflanzt sie entweder in Pflanzkörbe oder in das Erdreich am Boden des Teiches.

Säubern Sie den Teich nicht öfter als unbedingt nötig: Sie stören damit nicht nur das Pflanzen- und Tierleben, sondern schaffen vielleicht durch das Wiederauffüllen des Teiches mit nährstoffreichem, chlorhaltigem Leitungswasser eine Menge neuer Probleme. Mit einer guten Bepflanzung behalten selbst kleine Tümpel und Teiche ihr ökologisches Gleichgewicht.

Herbst- und Winterpflege

Auch wenn Ihnen die Schönheit des schwimmenden Herbstlaubs auf der Wasseroberfläche gut gefällt, sollten Sie die Blätter abschöpfen, bevor sie zu Boden sinken und anfangen zu verrotten. Zum völligen Schutz bedecken Sie kleine Tümpel und Teiche im Spätherbst mit Maschendraht, da das verrottende Laub die Qualität des Wassers stark beeinträchtigen kann. Allerdings richten ein paar Blätter in einem tieferen Teich noch keinen Schaden an.

Die Pumpe sollten Sie während der Wintermonate abschalten. Einige Hersteller empfehlen, die ganze Pumpenanlage auszubauen und sie an geschützter Stelle aufzubewahren, aber das ist nicht unbedingt erforderlich, vor allem nicht bei tieferen Teichen. Kontrollieren Sie die gesamte Pumpenanlage gewissenhaft, und lassen Sie einzelne Teile warten oder – wenn nötig – ersetzen.

In strengen Wintern kann das Eis auf der Wasseroberfläche zum Problem werden. Allerdings friert das Wasser nach und nach in Schichten und, vor allem in kleinen Teichen, selten völlig bis auf den Grund. Daher brauchen Sie sich wahrscheinlich keine Gedanken über irgendwelche Vorsorgemaßnahmen gegen die Kälte zu machen – es sei denn, Sie besitzen Fische (was für kleine Teiche ohnehin nicht sehr empfehlenswert wäre).

Pflanzenporträts

1. Kriechende Pflanzen für Kieselteiche

Da Kieselteiche mehr oder weniger auf gleicher Ebene mit der Bodenoberfläche liegen, eignen sich hierfür am besten kriechende

Menyanthes trifoliata

Pflanzen, die von Natur aus niedrig wachsen.

❀ **Bachbunge** (*Veronica beccabunga*)
Dieser Wasser-Ehrenpreis bildet ab dem Frühsommer schöne himmelblaue Blüten mit weißem Zentrum sowie ovale dunkelgrüne Blätter. In die Randzone gepflanzt, verbreitet sich die Bachbunge bis in eine Wassertiefe von 8 cm.

❀ **Fieberklee** (*Menyanthes trifoliata*)
Eine hübsche Sumpfpflanze mit blaßgrünen, dreizähligen Blättern und zartrosa Blüten im Sommer. Sie breitet sich dekorativ in der feuchten Randzone am Wasser aus (manchmal auch bis in 30 cm tiefe Wasserbereiche).

❀ **Gauklerblume** (*Mimulus guttatus*)
Diese Art sowie die ähnliche *Mimulus luteus* mit goldgelben, löwenmaulähnlichen Blüten, die weiter geöffnet sind und größere, rote Flecken als die nur fein getupften Blüten von *M. guttatus* aufweisen, ist mittlerweile in Westeuropa heimisch geworden. Beide und die vielen *Mimulus*-Hybriden wachsen mit Vorliebe am Wasserrand und an feuchten Stellen.

❀ **Hirschzunge** (*Phyllitis scolopendrium*)
Eine wunderbare Schattenpflanze, die das ganze Jahr über grünt und im Frühjahr neue Blätter bildet. Sie wächst sich ganz allmählich zu einer prächtigen Staude mit einem Durchmesser von bis zu 30 cm aus.

❀ **Pfennigkraut** (*Lysimachia nummularia*)
Diese dekorative Pflanze ist mit mittelgrünen Blättern oder in einer goldblättrigen Varietät namens 'Aurea' erhältlich. Beide gedeihen gut im Schatten und in der Sonne und besitzen im Sommer leuchtend gelbe Blüten.

❀ **Schildfarn** (*Polystichum setiferum*)
Ein schöner kleiner Farn für feuchte Schattenplätze mit ausgesprochen eleganten Wedeln. Die einheimische Art ist sehr reizvoll, von ihr gibt es viele interessante Sorten.

2. Wasserpflanzen

Viele Arten von Wassergewächsen, die wir als Wassergartenpflanzen kennen, verwildern in freier Natur und verdrängen dort heimische Arten. Deshalb ist bei der Entsorgung Ihrer Pflanzenreste Vorsicht geboten. Werfen Sie diese niemals einfach nur weg, und versuchen Sie auf keinen Fall, sie in der freien Natur anzupflanzen. Am besten kompostiert man sie, so daß sie dem Garten noch von Nutzen sind.

❀ **Algenfarn** (*Azolla filiculoides*)
Dieser zierliche Wasserfarn ist im Frühjahr und Sommer graugrün und wird im Herbst kupferrot. Da er nur bis –5 °C winterhart ist, empfiehlt es sich, im Winter einige Pflanzen im Haus in einem Glasgefäß zu halten und sie erst im Frühjahr wieder in den Teich einzusetzen, nachdem sich das Wasser etwas erwärmt hat.

❀ **Dickblatt** (*Crassula helmsii*)
Eine langstielige Pflanze mit kleinen, schmalen Blättern und winzigen rosaweißen Blüten, die in Westeuropa heimisch geworden ist und sich rasch verbreitet. Sie können sie in Ihren Teich aufnehmen, indem Sie bei warmem Wetter Teile der Pflanze in den Teichgrund bei 25 bis 100 cm Wassertiefe einsetzen.

❀ **Hornblatt** (*Ceratophyllum demersum*)
Diese hervorragend sauerstofferzeugende, zartblättrige Pflanze ist bis zu –15 °C winterhart. Setzen Sie die jungen Pflanzen zu je-

Myriophyllum aquaticum

der Jahreszeit (außer im Winter) ein. Hornblatt läßt sich vermehren, indem Sie kleine Teile abbrechen und frei schwimmen lassen.

❀ **Papageienfeder** (*Myriophyllum aquaticum*) und **Tausendblatt** (*Myriophyllum verticillatum*)
Diese zarten Wasserpflanzen besitzen filigrane Blattquirle, die aus dem Wasser her-

ausragen. Im Winter sterben sie meistens ab, können aber in einem wassergefüllten Gefäß mit einer dünnen Schicht Erde am Boden überwintern. Bei warmem Wetter im Frühjahr verteilen Sie einzelne Wedel dieser Pflanze in 10 bis 60 cm tiefem Wasser. Andere Arten wie *Myriophyllum spicatum* besitzen spärlicher beblätterte Quirle und sind weniger dekorativ, dafür aber robuster.

❁ **Wasserähre**
(*Aponogeton distachyos*)
Eine prachtvolle Pflanze mit schwimmenden, ovalen Blättern und weißen, wohlriechenden Blüten im Spätfrühling und Herbst. Sie wurde nach und nach in Westeuropa heimisch. In milden Wintern bleibt sie grün, stirbt jedoch bei kalter Witterung ab und überlebt im Ruhezustand. Pflanzen Sie im Frühjahr Knollen oder junge Pflänzchen in einen Pflanzkorb oder direkt in den Bodenschlamm, bei 25 bis 60 cm Wassertiefe.

❁ **Wasseraloe** (*Stratiotes aloides*)
Eine winterharte, mehrjährige Pflanze mit stacheligen Blattrosetten (die wie der Blattschopf einer Ananas aussehen) und kleinen weiß- oder rosagetönten Blüten im Sommer. Die Pflanze schwimmt halb untergetaucht an der Teichoberfläche und sinkt im Winter auf den Grund. Setzen Sie junge Pflänzchen im Frühjahr in Teiche mit mindestens 30 cm Wassertiefe.

❁ **Wasserlinse** (*Lemna minor*)
Diese schwimmende Pflanze verbreitet sich schnell und bedeckt schon bald einen stillen Tümpel. Dies kann vor allem im Frühjahr von Vorteil sein, wenn das helle Sonnenlicht auf einen klaren Teich fällt und dadurch eine unwillkommene Trübung durch rapiden Algenwuchs begünstigt. Die Wasserlinse beschattet den Teich, bis andere Wasserpflanzen mit dem Wachstum beginnen (aus diesem Grund wird sie in der strahlenden Sonne südlicher Länder besonders geschätzt). Im weiteren Verlauf des Frühjahrs kann die Wasserlinse mit ihren flachen, grünen, blattartigen Sprossen leicht und ohne irgendwelche Schäden entfernt werden. Die Dreifurchige Wasserlinse (*Lemna trisulca*) ist sternförmig und schwimmt etwas unterhalb des Wasserspiegels. Außer im Winter können Sie die Wasserlinse zu jeder Jahreszeit in relativ stille Gewässer einsetzen.

❁ **Wasserpest** (*Elodea canadensis* und verwandte Arten)
Die Kanadische Wasserpest (*Elodea canadensis*) erinnert entfernt an dünne, spitze Fichtenzapfen; sie wächst kräftig und ist ein guter Sauerstoffproduzent. Im Frühjahr werden einzelne Triebe vorsichtig in den Teich gesetzt, die sehr schnell in der Sonne oder im Schatten in einer Wassertiefe von 10 bis 100 cm wachsen. Strenge Winter überlebt die Wasserpest durch die Bildung spezieller Knospen, die im Teichboden ruhen. Verwandte Schwimmpflanzen wie *Lagarosiphon major* (syn. *Elodea crispa*) und *Egeria densa* sind ebenfalls sehr gute Sauerstofferzeuger.

3. Winzige Seerosen für kleine Behälter, Bottiche und sehr flache Teiche

Diese sehr kleinen Seerosen mit begrenztem Raumbedarf sollten so gepflanzt werden, daß zwischen Boden und Wasseroberfläche noch 15 cm Abstand verbleiben. Pflanzzeit ist Ende Mai oder im Juni. Sie können mit einer Oberflächenausbreitung von 20 bis 30 cm rechnen.

❁ *Nymphaea* x *helvola* (syn. *N.* x *pygmaea* 'Helvola' bzw. *N. tetragona* 'Helvola')
Sternförmige, gelbe Blüten und kleine, gesprenkelte Blätter.

❁ *Nymphaea* 'Joanne Pring'
Dunkelrosa Blüten, kompakter Wuchs.

❁ *Nymphaea* 'Pygmaea Rubra'
Etwas größere Blätter und Blüten, die von Rosa zu Dunkelrot wechseln.

❁ *Nymphaea tetragona*
Weißblütig und winzig.

Nymphaea alba

4. Kleine Seerosen

Diese kleinwüchsigen Seerosen lassen sich in einer Schicht Erdreich auf dem Grund eines größeren Teiches anpflanzen oder in einem Pflanzkorb halten. Die unten genannten Angaben für die Pflanztiefe beziehen sich auf die Wassertiefe oberhalb des Bodenniveaus der Pflanze (ohne Wurzeln und Kübel oder Bodenschichtdicke). All diese Seerosen können Ende April bis Mai gepflanzt werden – mildes Wetter vorausgesetzt.

❁ *Nymphaea* 'Froebelii'
Karminrote, großzügig blühende Seerose mit hübschen Blättern. Pflanztiefe: 15 bis 20 cm.

❁ *Nymphaea* 'Graziella'
Gold-orangefarbene Blüten, 5 bis 8 cm im Durchmesser. Pflanztiefe: 15 bis 40 cm.

❁ *Nymphaea* 'Indiana'
Für einen etwas größeren Teich geeignet; mit pfirsichfarben bis rötlich schimmernden Blüten und purpurrot gezeichneten Blättern. Pflanztiefe: ungefähr 25 bis 45 cm.

❁ *Nymphaea* 'James Brydon'
Zuverlässige, anspruchslose Seerose mit großer rosa Blüte und runden Blättern, die fast den ganzen Teich einnehmen können. Pflanztiefe: 15 bis 45 cm.

❁ *Nymphaea* 'Laydekeri Lilacea'
Zahlreiche kompakte, zart malvenfarbene Blüten. Pflanztiefe: 12 bis 30 cm.

❁ *Nymphaea* 'Odorata Minor'
Weiße, duftende Blüten. Pflanztiefe: 12 bis 30 cm.

Nymphaea 'Laydekeri Lilacea'

5. Pflanzen für die Sumpfzone

Pflanzen der an den Teichrändern liegenden Sumpfzone bilden einen Blüten- und Blätterschmuck, der in hohem Maß zu einer schönen Gesamtwirkung des Teiches beiträgt. Man pflanzt sie im Herbst oder Frühling.

❁ **Funkien** (*Hosta*)
Obwohl sie gewöhnlich als Blattpflanzen gelten, besitzen Funkien auch dekorative violette oder weiße Blüten. Versuchen Sie es mit weißgefleckter *Hosta crispula* an sonnigeren Orten, der robusten *Hosta* 'Invincible' (bei Problemen mit Schnecken), *Hosta fortunei* 'Aureomaculata' mit goldener Blattmitte oder *Hosta sieboldii* mit gefleckten weißen Rändern.

❁ **Kalmus** (*Acorus calamus* 'Variegatus')
Die gefleckte Zuchtform dieser irisähnlichen Pflanze besitzt gold- und beigegestreifte Blätter. Sie erreicht eine Höhe von bis zu 1 m, und ihre Blüten erinnern an spitz zulaufende grüne Kolben.

❁ **Prachtspiere** (*Astilbe*-Hybriden)
Geeignete, kompakt wachsende Sorten der Prachtspiere mit hübschen, kegelförmigen Blütenrispen sind unter anderem 'Fanal' (rot), 'Intermezzo' (pfirsich-lachsfarben), 'Mainz' (violett-rosa), 'Bronce Elegans' und 'Dunkellachs' (beide dunkel-lachsfarben) sowie 'Rosea' (rosa).

❁ **Schachbrettblume** (*Fritillaria meleagris*)
Ihre zierlichen, glockenförmigen Blüten mit Schachbrettmuster in Dunkelrosa hängen an einem 25 bis 30 cm hohen Stiel, der wie die grasartigen Blätter graugrün ist. Im Handel gibt es auch eine weiße Sorte *Fritillaria meleagris* 'Alba'.

❁ **Schwanenblume** (*Butomus umbellatus*)
Eine binsenähnliche, zarte Pflanze von 1 m Höhe mit schmalen Blättern und rosa bis roten Blüten im Sommer.

❁ **Schwertlilie** (*Iris ensata,* syn. *I. kaempferi,* und *Iris sibirica*)
Iris sibirica ist eine wunderschöne kleinblütige Schwertlilie mit schmalen grünen Blättern und vielen Zuchtformen in unterschiedlichen Farben. Von besonderer Schönheit ist die Japanische Sumpfiris (*Iris ensata*). Auch von ihr gibt es eine Vielzahl an Sorten, etwa 'Variegata' mit aparten, beige gestreiften Blättern und großen blauvioletten Blüten.

❁ **Sumpfdotterblume** (*Caltha palustris*)
Eine reizvolle, 25 cm hohe Frühlingspflanze mit herrlichen goldgelben Blütenkelchen,

Butomus umbellatus

die sich gut vom dunklen Grün der herzförmigen Blätter abheben. Es gibt auch eine gefüllt blühende Sorte (*Caltha palustris* 'Multiplex' syn. 'Flore Pleno'), die etwas kleiner und kompakter bleibt.

❁ **Wasserminze** (*Mentha aquatica*)
Diese Wasserpflanze wuchert prächtig, kann aber leicht abgemäht oder aus dem Wasser gezogen werden. Aussehen und Duft erinnern an die Pfefferminze; allerdings besitzt die Wasserminze eine geringere Wuchshöhe (etwa 25 bis 30 cm).

❁ **Wiesenschaumkraut** (*Cardamine pratensis*)
Eine kleine, 20 cm hohe Pflanze mit sehr hübschen vierblättrigen, blaßrosa Blüten, die sich zu Beginn des Frühjahrs öffnen. Eine ebenso attraktive, gefüllte Sorte ('Plena') wird gern von Aurorafaltern aufgesucht.

❁ **Zimmerkalla** (*Zantedeschia aethiopica*)
Obwohl die Zimmerkalla nicht winterfest ist, kann man sie den Sommer über im Freien halten. Mit ihren großen weißen Blüten, die einen Durchmesser von bis zu 10 cm erreichen, verleihen sie dem Garten einen Hauch Exotik.

Register

Danksagung

1 Sue Atkinson/*Reed International Books Ltd* (Entwurf: Myles Challis); 3 Corbis/*Michael Boys Collection*; 5 Anthony Paul/*The Garden Picture Library*; 6-7 Steven Wooster/*The Garden Picture Library* (Entwurf : Anthony Noel); 8 John Glover/*The Garden Picture Library*; 9 Noel Kavanagh (Entwurf: Angela Kirby); **10–11** Clive Nichols (Bauausführung: Cecil Bicknell); **12–13** N. & P. Mioulane/Mise au Point; **14** Jerry Harpur (Entwurf: Jim Matsuo, Los Angeles, Kalifornien); **15** Clive Nichols (Entwurf: Jill Billington); **16** Clive Nichols (Dales Stone Company); **18** links Marianne Majerus; **18** rechts Andrew Lawson (Sue Whittington, London); **19** Georges Lévêque (Mr. & Mrs. Camus, Chéchy, Frankreich); **20** John Glover/*The Garden Picture Library*; **21** links Beatrice Pichon (Entwurf: Guy Laine); **21** rechts Gary Rogers; **22–23** oben Marianne Majerus; **23** unten Clive Nichols (*The Crossing House*, Cambridgeshire); **24–25** Derek St. Romaine; **26** Neil Campbell-Sharp (Entwurf: Dan Pearson); **27** oben Jerry Harpur (Entwurf: Simon Fraser, Hampton, Middlesex); **27** unten Jerry Harpur (Entwurf: Mark Rummary, Suffolk); **29** Brigitte Thomas; **30** links Jerry Harpur (Entwurf: Jane Fearnley-Whittingstall, Wootton-under-Edge, Gloucestershire); **30–31** Derek Fell; **31** rechts Foto mit freundlicher Genehmigung des Magazins *Australian House & Garden*; Foto von Robert Karri-Davies; **32** Arnaud Descat/Mise au Point (Entwurf: E. le Hardy; in Besitz von: M. Della France); **33** Noel Kavanagh (Entwurf: Angela Kirby); **34** links Jerry Harpur (Entwurf: Jean Melville-Clark, Long Melford, Suffolk); **34–35** Jane Legate/*The Garden Picture Library*; **35** rechts John Glover/ *The Garden Picture Library*; **36–37** Foto von Eric Victor (Entwurf: Philip O'Malley); **38–39** Clive Nichols (Frosch von Stiffkey Lamp Shop); **40** *Garden Matters*; **41** oben Frederic Marre/Mise au Point; **41** unten Marijke Heuff (Mr. & Mrs. Voute-Droste); **42** Neil Campbell-Sharp (Barters Farm); **44** Clive Nichols (Red Gables, Worcestershire); **45** links Marijke Heuff (Mrs. L. Goossenaerts-Miedema); **45** rechts Andrew Lawson (Herterton House, Northumberland); **46** Arnaud Descat/Mise au Point; **47** oben Annette Schreiner; **48–49** Derek St. Romaine (Entwurf: Dennis Fairweather); **50–51** Neil Campbell-Sharp (Tin Penny); **52** links Beatrice Pichon (Entwurf: Guy Laine); **52** rechts Gary Rogers; **53** Gary Rogers/*The Garden Picture Library*; **55** John Miller; **56** links Clive Nichols (Entwurf: Richard Coward); **56** rechts Derek Fell; **57** Georges Lévêque (Landschaftsdesign: M. François Bonnin, St. Nexans, Frankreich); **58** Fotos Horticulture; **59** oben John Glover (Gavin Landscape Design); **59** unten Heather Angel; **60–61** Andrew Lawson (Fenella Maydew, Daglingworth, Glos.); **62–63** Mick Hales; **64** Tim Street-Porter (Whitley House, Kalifornien); **65** links Clive Nichols (Longacre, Kent); **65** rechts Jerry Harpur (Dr. & Mrs. Parris, Bury St. Edmunds, Suffolk); **67** Derek St. Romaine; **68** Derek Fell (Entwurf der Fontäne: Cevan Forristt); **69** oben Ron Sutherland/*The Garden Picture Library*; links Marianne Majerus (Entwürfe: Duane Paul); **69** unten rechts Marianne Majerus; **70–71** Derek St. Romaine (Entwurf: Cleve West; Skulptur: Johnny Woodford); **70** links Gary Rogers; **71** rechts Neil Campbell-Sharp (Geoffrey Smith); **72–73** Fotos mit freundlicher Genehmigung des Magazins *Australian House & Garden*; Fotos von Tim Griffith (Entwurf: Philip O'Malley); **74–75** Gary Rogers; **76** Steven Wooster/*The Garden Picture Library*; **77** oben Eric Crichton; **77** unten John Glover; **78** Entwurf: Richard Baxter von *Brambles Garden Landscapes* (Mr. and Mrs. Webster); **80** Jerry Harpur (Entwurf: Jean Hawkswell, Surrey); **81** Georges Lévêque (Trebah, Cornwall); **82** links Brigitte Thomas; **82** rechts Annette Schreiner; **83** rechts Ron Sutherland/*The Garden Picture Library*; **83** links Tim Street-Porter (Robert Evans); **84–85** Clive Nichols (Entwurf: Kim Wilkie); **86** Georges Lévêque.